Stimuler notre espérance !

DES MÊMES AUTEURS
AUX MÊMES EDITIONS

Mieux connaître Dieu, 2008

Photographe, le plus beau métier du monde, 2010
(Claude Bouchot)

Si Dieu est amour, pourquoi le mal, 2011

Claude et Karin Bouchot

Stimuler
notre espérance !

Préface de Pierre Clément

Editions BoD

© Claude et Karin Bouchot, 2014

Editions Books on Demand
12-14 Rond-Point des Champs Elysées, 75008 Paris

ISBN : 978-2-322-03511-3

A ceux qui osent
encore espérer.

« L'espérance, c'est croire
que la vie a un sens. »
Abbé Pierre

http://www.evene.fr

Préface

En lisant le tapuscrit de leur dernier livre que m'ont soumis Claude et Karin Bouchot pour en rédiger une préface, je n'ai pas boudé mon plaisir de lecture ni l'envie d'aller en vérifier les sources. Certes, le thème de l'espérance chrétienne avait tout pour me passionner car il est au cœur du témoignage personnel de chaque professant et donc de toute évangélisation.

D'emblée, nous sommes prévenus par son titre. L'ouvrage que nous avons en main n'est pas une prescription médicale destinée à exciter je ne sais quelle hormone devenue défaillante qui serait en chacun de nous et que l'on qualifierait du merveilleux terme d'espérance. Bien loin de nous conduire dans l'imaginaire collectif, nous avons ici un essai documenté et passionnant sur l'une des valeurs bibliques éternelles que chacun de nous a au fond du cœur.

J'ai globalement été frappé par la clarté de sa rédaction. L'introduction en particulier est d'un effet pédagogique certain. Ce qui suivra y est brièvement exposé. Dès cette entrée en matière, les auteurs nous mettent ainsi à l'aise en résumant leurs propos et en décrivant par le menu la progression de leur pensée au travers de six chapitres bien distincts. De la sorte, l'étude du sujet en est rendue agréable et facile. C'est dans cette section-là que j'ai apprécié une précision de taille qui méritait d'être apportée : contrairement à la langue anglaise, le français permet dans sa richesse de distinguer les deux substantifs *espoir* et *espérance* ! Si l'espoir est en rapport avec nos besoins et nos désirs, il est attaché à notre futur matériel, psychologique, émotionnel… c'est-à-dire à un bonheur conditionnel ici-bas. Mais en ce qui concerne l'espérance, nous entrons dans un domaine d'ordre transcendantal, associé à celui de la foi qui s'appuie sur la confiance en des promesses divines précises. Elle ne se limite donc pas à notre seule vie terrestre, mais s'étend à la vie éternelle. Ainsi, le désespoir n'est pas nécessairement définitif, alors que la désespérance est plus radicale. Elle est disparition de toute croyance, de toute foi, elle est nuit noire et sans fin envisageable. C'est dans cette perspective que l'apôtre Paul écrivait aux Romains : « Nous nous glorifions même des afflictions, sachant que l'affliction produit la persévérance, la persévérance la victoire dans l'épreuve, et cette victoire l'espérance » (Romains 5.3-4).

Oui, nous devons pouvoir stimuler l'espérance ! Au début de l'automne dernier, dans le cadre de « Protestants en fête », la mosaïque du protestantisme français était conviée dans la capitale sous la bannière « Paris d'Espérance ». Loin de laisser vide de signification ce joli slogan, l'invitation soulignait que l'espérance n'est pas une vertu solitaire et passagère, car espérer est plus qu'un pari ! Elle précisait que nous n'espérons pas pour les autres mais avec les autres et que nous espérons plus que pour la vie d'ici-bas. « Donnons à notre espérance le visage du Christ des béatitudes » clamait durant le culte dominical une foule de 12 000 personnes rassemblées au Palais Omnisports de Paris-Bercy. En effet, les croyants sont persuadés qu'il n'y a pas d'espérance sans confiance dans des promesses faites par Dieu lui-même à ses créatures, à ses enfants et qui se réalisent toutes en la personne de Jésus-Christ ressuscité. En y ajoutant générosité, simplicité, humilité au cœur de leur vie et de leur engagement, ils signent pour l'avenir ce qui fera l'histoire de demain et dont Dieu est au contrôle.

Jadis, dans la plaine de Schinéar, les hommes construisirent la tour de Babel. Ce chef-d'œuvre architectural – immortalisé par la peinture de Pieter Brueghel l'Ancien – était la plateforme d'une technique qui aboutit aujourd'hui à la station spatiale habitée. Ils voulaient atteindre le ciel... déjà ! Mais Dieu mit fin à leur entreprise, comme il mettra fin à la nôtre par l'accomplissement d'une promesse tenue et qui forge toute espérance : le retour en gloire de son Fils, le Christ, le Seigneur. A lui seul est remise toute puissance, non seulement dans les cieux, mais aussi sur la terre.

Et tandis que les constructeurs de Babel se dispersaient sur la face de la terre, Dieu (à peu près à la même époque) appela un homme – Abram /Abraham – auquel il dit : « Sors de ton pays et de ta parenté et va dans le pays que je te montrerai. » Et Abraham partit, ne sachant où il allait, mais pleinement conscient en quelle compagnie il se trouvait. Dieu était avec lui et cela était suffisant pour faire de lui un homme d'espérance. Il marcha par la foi et non par la vue. Pensant à cela, Paul écrivait à l'Eglise de Rome : « Espérant contre toute espérance, il crut et devint ainsi père d'un grand nombre de nations, selon ce qui lui avait été promis » (Romains 4.18). Face à la promesse de Dieu, Abraham ne douta pas. Paul ajoutera plus loin : « C'est en espérance que nous sommes sauvés. Or, l'espérance qu'on voit n'est plus espérance : ce qu'on voit, peut-on l'espérer encore ? Mais si nous espérons ce que nous ne voyons pas, nous l'attendons avec persévérance » (Romains 8.24-25).

Ainsi, Abraham renonça volontairement à son passé, à ses habitudes et à ses objectifs personnels. Il s'engagea sur un chemin nouveau, ayant Dieu pour seul guide, conseiller, protecteur et ami. Il fit sienne la réalisation de la promesse de Dieu, vivant dans l'espérance parfaite de son accomplissement. Et tandis que Babel n'est plus qu'une ruine d'espoirs stériles qui n'intéresse que l'archéologie, le nom d'Abraham demeure vivant. Son exemple de foi et d'espérance est une bénédiction pour nous aujourd'hui alors que l'Evangile ne cesse d'inviter tous et chacun à sortir des séductions de ce monde fini, et à marcher avec Dieu par la foi. Obéir à sa Parole consignée dans la Bible et être à son écoute est l'assurance d'une vie abondante.

« C'est ici qu'il nous faut rattacher l'espérance à la promesse. Cette confiance en la promesse de Dieu est exclusive[1] » conseille Jacques Ellul. Dans un monde marqué par l'individualisme, comment faire nôtre cette parole du prophète : « Je connais les projets que j'ai formés pour vous, dit l'Eternel, projets de paix et non de

---

1. Jacques Ellul, *L'espérance oubliée*, Paris : La Table Ronde, 2004.

malheur, afin de vous donner un avenir et de l'espérance » (Jérémie 29.11) ? Dans un monde marqué par la montée des communautarismes et de l'esprit de parti, quelle place accordons-nous à l'universalité de la grâce divine offerte à notre foi par l'œuvre du Christ et qui produit ainsi l'espérance chrétienne ? Dans un monde marqué par le bouleversement des moyens de communication, quelle place accordons-nous aux Ecritures ? Leur pertinence, fécondité, utilité nourrissent-elles notre espérance ?

Oui, nous devons pouvoir stimuler l'espérance ! L'essai que nous proposent Claude et Karin Bouchot répond à point nommé aux aspirations de notre époque et à sa soif de vérité sur l'avenir de l'homme et du croyant en particulier. Parfaitement ancrée sur les textes bibliques, leur démarche est noble, structurée et bien documentée. J'oserais prendre le risque de la comparer à celle de l'évangéliste Luc qui s'adressait en ces termes à Théophile : « Il m'a semblé bon d'écrire pour vous le récit suivi de tout ce qui est arrivé depuis le commencement pour que vous puissiez reconnaître la vérité des enseignements que vous avez reçus » (Luc 1.3-4).

Poursuivant ma tentative de comparaison, notons que pour construire la foi de Théophile, Luc a écrit un récit… non, un catéchisme par questions et réponses ou un traité de dogmatique ! Au fil du texte, nous touchons au paradoxe de la foi chrétienne : elle est une bonne nouvelle pour tous les temps et tous les lieux. L'histoire de l'Eglise témoigne que c'est ainsi qu'elle a toujours été annoncée, reçue et vécue. Une bonne nouvelle qui ne peut en aucune manière se démoder parce qu'elle annonce l'œuvre qu'accomplit l'amour de Dieu pour toutes les générations jusqu'à ce que vienne le Royaume promis, et à laquelle nul n'est étranger puisqu'elle s'adresse à l'humanité tout entière.

A vues humaines, les faits racontés dans les évangiles ne sont que des faits divers sans conséquence. Que peut bien changer au présent et à l'avenir du monde un crucifié de plus ou de moins à la porte de Jérusalem ? Mais ces événements ont pris pour ceux qui les ont appris une dimension radicalement nouvelle à la lumière de la résurrection. Vus sous l'éclairage de l'expérience pascale, ils montrent la fidélité d'un Dieu d'amour, de pardon et de vie face à ce monde de péché et de souffrance. Espérer, c'est être confiant.

L'apôtre Jean nous fait entrevoir de façon imagée cette réalité, objet suprême de notre espérance : « Voici la demeure de Dieu avec les hommes ; il demeurera avec eux, et ils seront son peuple. Dieu lui-même sera avec eux. Il essuiera toute larme de leurs yeux, et il n'y aura plus de mort, plus de pleurs, ni de cris, ni de tristesse ; car la première création aura disparu. […] Voici que je fais toutes choses nouvelles » (Apocalypse 21.3-5). Dire la foi chrétienne, c'est raconter ces événements à cette lumière-là. Ici se trouve la source de l'espérance. La stimuler, c'est s'emparer du symbole des Apôtres. Luc ne fait rien d'autre pour édifier et fortifier Théophile.

Pour vivre aujourd'hui dans la foi, l'espérance et l'amour, nous avons besoin à notre tour d'entendre ces récits. Comment, autrement, échapper au risque de nous fabriquer un Christ à l'image de nos rêves, fantasmes ou désirs et de substituer nos fables à la Vérité ? Seules les Saintes Ecritures peuvent nous faire découvrir le visage et les paroles de Celui qui nous appelle à nous confier en lui et à le servir. Il est devenu pour toujours notre espérance. L'importance du témoignage biblique est bien illustrée par ce qu'écrivait l'apôtre Paul aux Corinthiens. Pour les ancrer dans la foi, les assurer dans une espérance qui ne trompe pas, il leur rappelle les témoignages rendus aux événements auxquels la foi est liée de manière décisive : « Je vous ai transmis en premier lieu ce que j'avais reçu moi-même » (1 Corinthiens 15.3).

D'où la nécessité de nous nourrir de ces témoignages pour vivre dans la foi. C'est dire donc le rôle irremplaçable du texte biblique. Le beau travail réalisé par Claude et Karin Bouchot s'inscrit dans ce besoin et son style clair, épuré et direct ne peut qu'atteindre l'objectif de l'exhortation à vivre dans l'espérance christique. Et s'il fallait dire autrement ce que j'ai reçu de cette belle étude destinée à « aiguillonner » mon espérance, je dirais que l'espérance comme la Bible l'envisage est la certitude que ce que Dieu a fait pour moi en Christ, il peut et veut le faire pour tous.

Encore un mot ou plutôt une historiette avant de nous introduire dans les pages qui suivront. Quatre bougies brûlaient lentement et il régnait un tel silence que l'on pouvait capter leur conversation. La première dit : « Je suis la paix ! Cependant, personne n'arrive à me maintenir allumée, je crois bien que je vais m'éteindre. » Sa flamme diminua peu à peu et disparut. La seconde dit : « Je suis la foi ! Mais dorénavant, le monde pense que je ne suis plus utile, ça n'a pas de sens que je reste allumée plus longtemps ! » Et sitôt qu'elle eut fini de parler, une brise légère souffla sur elle et l'éteignit. La troisième bougie se manifesta à son tour : « Je suis l'amour, mais je n'ai plus de force pour rester allumée, les gens me laissent de côté et ne comprennent pas mon importance, ils oublient même d'aimer ceux qui sont proches d'eux ! » Et sans bruit, elle s'effaça à son tour. Alors entra un enfant qui vit les trois bougies éteintes : « Mais pourquoi avez-vous cessé de brûler ? Vous deviez rester allumées jusqu'au bout de votre mèche ! » Et une larme glissa le long de sa joue. Aussitôt, la quatrième bougie murmura : « N'aie pas peur, tant que j'ai ma flamme, nous pouvons rallumer les autres bougies. Je suis l'espérance ! » L'enfant saisit doucement la bougie de l'espérance et ralluma les trois autres.

Puisse l'espérance ne jamais s'éteindre en nous. Il nous revient de la stimuler. Et comme l'exprimait très justement Antoine Nouis dans l'hebdomadaire *Réforme*, « ce qui est bien avec l'espérance, c'est qu'elle nous accompagne pour la suite de la route[1] » !

Pierre Clément
Pasteur et Directeur International de CMM

---

1. Antoine Nouis, « Editorial », *Réforme*, 2-10-2013, n° 3530.

Introduction

Peut-on encore espérer dans nos sociétés modernes sécularisées quand celles-ci, tout en confondant le bien et le mal, se détournent délibérément de Dieu, quand la plupart de nos contemporains sombrent dans une amère désillusion ? « L'espérance est-elle devenue une valeur moribonde ? » s'interroge à son tour Céline Raux… en rappelant que ce sentiment « se vit sous le regard de la foi, […] n'est intelligible que dans un cadre de référence biblique » et se distingue de l'espoir qui « s'estime à l'aide de la raison » et « porte sur des objets concrets[1] ».

Si l'espoir, qui ne dépasse donc pas la perspective terrestre, peut devenir réalité ici-bas (mais souvent aussi déception), l'espérance, par contre, fondée sur la promesse divine, s'inscrit dans une authentique perspective d'éternité. Or, curieusement, et contrairement à ce que nous pourrions penser de prime abord, aujourd'hui encore, une telle espérance est potentiellement partagée par une multitude de croyants. Si l'on en croit une étude récente réalisée par le Pew Research Center (Washington), les chrétiens forment de fait le premier

---

1. Céline Raux, *La sécularisation de l'espérance*, Sous la direction de Jacqueline Lagrée, Mémoire de Master 2, UFR de philosophie, Université de Rennes 1, 2007, p. 5-6, [En ligne] http://fr.scribd.com/doc/4530913/La-secularisation-de-lesperance, (consulté en novembre 2013).

groupe religieux au monde, fort de 2,2 milliards de personnes (32% de la population mondiale)[1] !

Pour beaucoup d'hommes et de femmes, espérer est même un besoin vital... bien que (ou parce que) l'actualité inquiétante favorise le pressentiment de jours sombres dans l'avenir de l'humanité ! En réalité, maintenant comme par le passé, c'est la même espérance – la ferme espérance de la vie future – qui habite le cœur de ceux qui connaissent Dieu, c'est la même soif de Dieu qui pousse d'autres ne le connaissant pas encore à chercher un sens à leur vie.

Aussi, dans cet essai – en prolongement de la réflexion engagée dans notre premier ouvrage intitulé *Mieux connaître Dieu*[2] –, nous avons choisi d'aborder le thème de l'espérance chrétienne. En particulier, nous nous sommes attachés à mettre en évidence les fondements de cette glorieuse espérance. Ajoutons que l'étude menée ici s'appuie nécessairement et largement sur les travaux d'un certain nombre d'auteurs, théologiens, philosophes et scientifiques ayant particulièrement étudié ce thème. D'autre part, notre propos repose – évidemment – sur

---

1. Pew Research Center, *The Global Religious Landscape*, Etude publiée le 18-12-12, [En ligne] http://www.pewresearch.org/, (consulté en novembre 2013).
2. Karin et Claude Bouchot, *Mieux connaître Dieu*, Paris : BoD, 2008. A noter que cet ouvrage n'est plus édité depuis décembre 2013. Par contre, le titre en question sera bientôt consultable dans son intégralité sur le site Google Livres.

bon nombre de passages bibliques[1]… et pour cause, la Bible n'est-elle pas le livre où Dieu révèle aux hommes le chemin de l'espérance ?

On comprend généralement que pour espérer, il faut avoir la foi… et avoir la foi, c'est croire en Dieu et en sa révélation avec une confiance absolue ! A cet effet, le chapitre 17 de l'évangile de Jean – souvent appelé « prière sacerdotale du Christ » par la tradition chrétienne – stipule en termes clairs que les hommes ont besoin de connaître Dieu et Jésus-Christ pour obtenir la vie éternelle : « La vie éternelle, c'est qu'ils te connaissent, toi, le seul vrai Dieu, et celui que tu as envoyé, Jésus-Christ » (Jean 17.3).

Cette connaissance est donc apportée par la Bible car « tout ce qui a été écrit d'avance l'a été pour notre instruction, afin que, par la patience et par la consolation que donnent les Ecritures, nous possédions l'espérance » (Romains 15.4).

De son côté, l'auteur de l'épître aux Hébreux, en faisant – au chapitre 11 – le panégyrique des grandes figures de la foi, démontre que l'espérance naît de la foi. Autrement dit, « la foi est la substance de l'espérance[2] ».

---

1. Sauf indication contraire, nos citations bibliques sont extraites de la Bible Segond (version revue 1975, version révisée 1978 ou Segond 21).

2. Benoît XVI (pape), Lettre encyclique *Spe salvi*, Rome, 30 novembre 2007, Site du Vatican, [En ligne] http://www.vatican.va/, (consulté en novembre 2013).

Le théologien réformé allemand Jürgen Moltmann ne tient pas un autre langage : « Dans la vie chrétienne, la foi a la priorité, mais l'espérance la primauté. Sans la connaissance du Christ par la foi, l'espérance devient une utopie[1]. »

D'autre part, effectivement, comme l'affirme l'apôtre Paul, « la foi vient de ce qu'on entend, et ce qu'on entend vient de la parole de Dieu » (Romains 10.17), ce qui signifie que la foi n'est pas innée mais que, fondée sur l'Ecriture Sainte, elle se construit petit à petit. C'est ce que confirme le pape François : « L'homme a besoin de connaissance, il a besoin de vérité, […] il est aujourd'hui plus que jamais nécessaire de rappeler la connexion de la foi avec la vérité[2]. »

De la sorte, la connaissance de Dieu est à la base de la foi qui, elle-même, suscite l'espérance. Telle est la double affirmation liminaire qui dicte le plan du présent livre, divisé en six chapitres.

Le chapitre 1 rappelle que la connaissance naturelle de Dieu est insuffisante et qu'une connaissance surnaturelle est indispensable aux hommes pour discerner les desseins éternels du Créateur à leur égard.

---

1. Jürgen Moltmann, *Théologie de l'espérance*, Traduit de l'allemand par Françoise et Jean-Pierre Thévenaz, 4ᵉ éd., Paris : Cerf, 1983, p. 17.
2. François (pape), Lettre encyclique *Lumen fidei*, Rome, 29 juin 2013, Site du Vatican, [En ligne] http://www.vatican.va/, (consulté en novembre 2013).

Le chapitre 2 tente de mettre en évidence les grandes lignes du plan merveilleux conçu par Dieu – et révélé dans sa Parole – permettant à ses créatures déchues de se réconcilier avec lui avant de pouvoir jouir de la vie éternelle.

Le chapitre 3 porte sur la grâce qui est à l'origine du dessein divin. Elle est la « source de salut pour tous les hommes » qui l'acceptent par la foi. Notre salut dépend exclusivement de la souveraine générosité de Dieu, nous ne pouvons y contribuer en rien.

Le chapitre 4, sans doute le plus important, est consacré à la résurrection. Dans le Nouveau Testament, la résurrection du Christ est considérée comme un fondement de la foi chrétienne. C'est le principal stimulus de l'espérance car elle préfigure la résurrection des morts. A la résurrection des morts, l'espérance deviendra réalité. Cet événement extraordinaire marquera – pour les croyants de tous les temps – le début d'une nouvelle vie (éternelle) en présence de Dieu.

Au chapitre 5, nous essayons de répondre à ces deux interrogations essentielles que tout être humain se pose un jour ou l'autre : que savons-nous de la vie éternelle et comment l'homme peut-il y accéder ?

Enfin, le chapitre 6 (qui est plutôt une annexe) est dédié à la question de l'espérance avant le Christ.

Puisse cet essai, malgré ses imperfections, donner envie à beaucoup de lecteurs de mieux connaître « le Dieu de l'espérance » (Romains 15.13), et à d'autres de le découvrir à leur tour à travers sa Parole, c'est notre souhait le plus cher. En effet, répétons-le, seule la connaissance des Ecritures permet d'affirmer notre foi, et croître par la connaissance (Colossiens 1.10-13) nous amène consécutivement à… stimuler notre espérance !

1

La voix de Dieu

> « Je me suis rendu compte que j'avais de moins en moins de choses à dire, jusqu'au moment où, finalement, je me suis tu. Dans le silence, j'ai découvert la voix de Dieu[1]. »
>
> Sören Kierkegaard

La voix de Dieu est une voix reconnaissable pour peu que l'on soit à son écoute et que l'on apprenne justement à discerner cette voix divine. Dieu, en effet, depuis toujours, ne se lasse pas de parler aux hommes ! Il leur parle de différentes manières, mais d'abord à travers ses œuvres et à travers la conscience. Même sans connaître les Ecritures, ceux-ci – par la raison et l'intelligence – sont ainsi capables de saisir la voix de Dieu et d'esquisser des réponses à leurs questions existentielles fondamentales.

Tous les êtres humains sont notamment en mesure d'être renseignés avec certitude sur l'existence et la puissance divines et n'ont – selon l'apôtre Paul – aucun motif pour nier cette connaissance naturelle de Dieu fondée sur la contemplation de la création et sur la voix de la conscience : « Nul n'est dépourvu de la notion du

---

1. Sören Kierkegaard, Citation, Site Evene.fr, [En ligne] http://www.evene.fr/, (consulté en novembre 2013).

vrai Dieu. Tous les hommes ont une connaissance innée de lui, lui-même l'ayant placée avec netteté dans leur cœur. Depuis la création, les œuvres de Dieu parlent à la pensée et à la conscience des hommes de ses perfections invisibles : quiconque sait regarder, peut y discerner clairement sa divinité et sa puissance. Aussi, depuis les temps anciens, les hommes qui ont sous les yeux la terre et le ciel et tout ce que Dieu a créé, ont connu son existence et son pouvoir éternel. Ils n'ont donc aucune excuse de dire qu'ils ne savent pas s'il y a un Dieu. Ils ont eu conscience de Dieu, ils ont su qu'il existait, mais ils ont refusé de l'adorer – lui, le seul digne d'adoration – ou même de le remercier pour ses dons. [...] Les peuples païens, qui n'ont pas la Loi, en observent souvent naturellement les préceptes. Ils trouvent en eux-mêmes ce qu'il convient de faire et obéissent aux impératifs de leur sens moral. Ils démontrent par leur comportement que l'essence de la Loi est gravée dans leur cœur. Leur conscience et leur discernement moral en témoignent » (Romains 1.19-21 et 2.14-15, *Parole vivante* par Alfred Kuen).

Toutefois, cette connaissance naturelle (rationnelle) de Dieu – insuffisante et généralement fugace – ne permet pas de discerner les desseins du Créateur à l'égard des hommes. C'est seulement par la Bible qu'ils peuvent vraiment connaître Dieu et son plan du salut pour l'humanité, qui fera l'objet du prochain chapitre. La connaissance naturelle de Dieu est en quelque sorte une connaissance préliminaire préparant à la connaissance supérieure – surnaturelle – apportée par la Révélation écrite. Dieu se révèle donc de différentes manières que nous allons examiner brièvement avant de présenter très succinctement quelques traits de sa Parole écrite.

Dieu nous parle à travers ses œuvres

La constitution dogmatique *Dei Filius* rappelle que Dieu manifeste sa divinité à travers la nature (cf. Romains 1.20, cité plus haut) : « Dieu, principe et fin de toutes choses, peut être certainement connu par les lumières naturelles de la raison humaine, au moyen des choses créées[1]. »

Oui, « les cieux racontent la gloire de Dieu » (Psaume 19.2) ! Avec le psalmiste, on peut affirmer que la contemplation de la nature nous apporte des preuves – difficilement réfutables – de l'existence d'un Créateur de l'univers. En observant notamment la richesse du monde vivant – plus de trois millions d'espèces fonctionnant parfaitement malgré l'extraordinaire complexité biologique de chacune –, il semble effectivement difficile de mettre en doute son existence.

Même Voltaire en regardant la nature ne pouvait nier cette évidence : « L'univers m'embarrasse, et je ne puis songer que cette horloge existe et n'ait point d'horloger[2]. » Bien des philosophes, savants et autres chercheurs de

---

1. Constitution dogmatique sur la foi catholique *Dei Filius*, 1er concile œcuménique du Vatican, 24 avril 1870, Site Les bons textes, [En ligne] http://lesbonstextes.awardspace.com/, (consulté en novembre 2013).

2. Voltaire, « Traité de métaphysique », *Œuvres complètes de Voltaire*, Tome 29, Paris : Antoine-Augustin Renouard, 1819, p. 14.

sens se sont penchés sur les mystères de la nature et beaucoup y ont reconnu la sagesse infinie et la puissance du Créateur. Citons-en quelques autres.

Ainsi, le vicomte de La Rochefoucauld : « La nature est de tous les livres celui qui parle le plus clairement de l'existence de Dieu[1]. » C'est ce que confirme le vicomte de Chateaubriand : « La nature publie sans cesse les louanges du Créateur, et il n'y a rien de plus religieux que les cantiques que chantent, avec les vents, les chênes et les roseaux du désert[2]. »

« Dans l'existence même de l'univers éclate la puissance du Créateur, [s'exclame de son côté le pasteur Charles Gerber] dans l'ordre et l'harmonie qui régissent les astres innombrables se révèle la sagesse infinie d'un grand Artiste [...] qui a tout prévu et pourvu à tout pour que la vie jaillisse d'une façon ininterrompue[3]. »

De même, l'illustre philosophe Jean-Jacques Rousseau : « Je médite sur l'ordre de l'univers, non pour l'expliquer par de vains systèmes, mais pour l'admirer sans cesse, pour adorer le sage auteur qui s'y fait sentir[4]. » Enfin, Abraham Lincoln, président des Etats-Unis : « J'arrive à comprendre qu'il soit possible de regarder la terre et

---

1. Sosthène de La Rochefoucauld-Doudeauville, *Pensées du Vicomte de La Rochefoucauld*, Paris : G.-A. Dentu, 1835, p. 31.

2. François-René de Chateaubriand, *Génie du Christianisme*, Tome 2, Paris : Béthune et Plon, 1839, p. 146.

3. Charles Gerber, *Les sentiers de la foi*, Dammarie les Lys : S.D.T., 1981, p. 43.

4. Jean-Jacques Rousseau, *Emile ou de l'éducation*, Paris : Garnier Frères, 1866, p. 330.

d'être athée ; mais je ne comprends pas qu'on puisse lever, la nuit, les yeux sur le ciel et dire qu'il n'y a pas de Dieu[1]. »

Malheureusement à toutes les époques – on peut le déplorer en passant –, seule une minorité a été sensible au message de Dieu dans la nature et cela est encore plus vrai aujourd'hui où les hommes n'ont plus le temps de la contempler et préfèrent plutôt s'extasier devant leurs propres « créations » ! C'est en tout cas le sentiment du professeur et chercheur Alfred Vaucher : « De même que la masse du peuple juif est restée incrédule malgré les lumières de la révélation prophétique, de même aussi la masse des païens est restée insensible aux enseignements offerts par la nature. Mais tout comme il y a eu une minorité juive pour obéir à la Parole écrite, il s'est trouvé parmi les païens des âmes honnêtes, disposées à reconnaître les traces de Dieu dans la nature[2]. »

Dieu nous parle à travers la conscience

« La conscience, c'est Dieu présent dans l'homme[3] » proclamait Victor Hugo en son temps. La conscience est « l'écho de la voix de Dieu » qui nous permet d'abord de porter un jugement de valeur sur nos propres actes et qui nous révèle le sens du bien et du mal. C'est en quelque

---

1. Abraham Lincoln, Citation, Site Evene.fr, [En ligne] http://www.evene.fr/, (consulté en novembre 2013).
2. Alfred Vaucher, *L'Histoire du Salut*, Dammarie les Lys : Vie et Santé, 1987, p. 58.
3. Victor Hugo, *Post-scriptum de ma vie* (Œuvres posthumes), Lausanne : Guilde du Livre, 1959, p. 175.

sorte une « boussole » inscrite dans la nature humaine qui contribue également fortement à inculquer le sens du devoir et de l'obéissance, tout en attestant l'existence en nous de la notion de liberté individuelle.

« Quiconque [explique le Docteur ès lettres Norbert Hugedé] fait un retour sur soi et descend en son être intérieur et sonde ses pensées, ses mobiles, ses tendances, ses devoirs, découvre la conscience. Nul ne peut prétendre qu'en consultant cette lumière intérieure qui brille sans qu'on sache comment, il n'a jamais vu la différence du bien et du mal, et qu'il n'a jamais été invité par cette loi commune, quelles que soient les définitions qu'on leur donne, à choisir l'un et à repousser l'autre. [...]

La conscience est en chaque homme comme l'appel de son destin, d'abord méconnu. Elle est plus que messagère, car elle ne souhaite que commander. Elle est la lumière qui guide chaque pas dans la nuit noire. [...] Elle ne cesse d'attirer les hommes vers un idéal qu'ils ne reconnaissent pas toujours. [...] S'il arrive qu'on doute du témoignage universel de la conscience, c'est qu'on a tout simplement confondu sa loi fondamentale, qui est obligation au bien. [...] Quand nous faisons ce qu'elle condamne, nous nous savons coupables. Ceci étant une règle sans exception[1]. »

« Le caractère obligatoire du bien moral déclaré par la conscience reste inexplicable si l'on n'y voit pas la manifestation d'une volonté supérieure à nous et qui

---

1. Norbert Hugedé, *Convergences – La finitude et la transcendance*, Neuchâtel : Belle Rivière, 1982, p. 64-66 *passim*.

a le bien moral pour objet, [reconnaît le philosophe suisse Charles Secrétan] de sorte que la conscience nous donnant Dieu, l'obligation de conscience s'impose à nous comme un ordre de Dieu[1]. »

En d'autres termes, la conscience est en mesure de saisir l'essence d'une « loi morale naturelle » inscrite dans le cœur de tout homme. Une loi déjà évoquée en son temps par l'apôtre Paul – nous l'avons souligné au début de ce chapitre – qui « a comme principe premier et fondamental [confirme de son côté le pape Benoît XVI] celui de faire le bien et éviter le mal. Il s'agit d'une vérité dont l'évidence s'impose immédiatement à chacun. De cette loi découlent les autres principes plus particuliers, qui réglementent le jugement éthique sur les droits et les devoirs de chacun[2] ».

Précisons que la connaissance de la « loi naturelle » a été approfondie par les philosophes scolastiques, notamment Thomas d'Aquin dont la synthèse fut la plus durable : « Pour lui, [résume le Dr John Witte, professeur de droit et d'éthique] toute loi et toute autorité ont leurs racines dans la loi éternelle (*lex aeterna*), la raison divine qui régit et ordonne toute la création. Tous les hommes participent de cette loi éternelle par la loi naturelle (*lex naturalis*) qui est en eux, c'est-à-dire par la connaissance

---

1. Charles Secrétan, *Essais de philosophie et de littérature*, Lausanne : F. Payot, 1896, p. 64.
2. Benoît XVI, Discours du pape Benoît XVI aux participants au Congrès international sur la loi morale naturelle, organisé par l'Université du Latran le 12 février 2007, Site du Vatican, [En ligne] http://www.vatican.va/, (consulté en novembre 2013).

intuitive des premiers principes de la raison pratique. Ces principes, faire le bien, éviter le mal, se conserver soi-même, vivre en couple, avoir des enfants, chercher la vérité, vivre en société et ne pas nuire à autrui, doivent être adaptés aux circonstances particulières par les lois humaines, droit canon, civil, pénal et coutumier[1]. »

La loi naturelle comme base de la morale chrétienne n'est donc pas un concept nouveau... le pontificat de Benoît XVI a seulement réaffirmé – non sans y incorporer aussi des éléments modernes[2] – la pensée de Thomas d'Aquin en la matière !

Notons enfin à ce propos que « la Réforme associe elle aussi le décalogue à la loi naturelle et affirme ainsi la portée universelle de la volonté de Dieu. [...] Luther invoque [les textes] Romains 1.19-21, 2.14-15 et 3.29, pour affirmer que les dix commandements... ne sont rien d'autre que la loi de nature, naturellement inscrite dans nos cœurs[3] ».

---

1. John Witte, « Droit », *Dictionnaire critique de théologie*, Paris : Quadrige / PUF, 2007, p. 424.
2. A ce sujet, mentionnons particulièrement le livre récent (*A la recherche d'une éthique universelle - Nouveau regard sur la loi naturelle*, Paris : Cerf, 2009) publié par la Commission théologique internationale de l'Eglise catholique qui invite à découvrir, à la lumière des connaissances contemporaines, « la notion revisitée de loi naturelle ».
3. Oswald Bayer, Axel Wiemer, « La loi comme problème théologique philosophique », *Dictionnaire critique de théologie*, Paris : Quadrige / PUF, 2007, p. 808.

Pour autant – revenons à notre conscience –, nous cherchons souvent des accommodements avec celle-ci ! Dominée par le tumulte de nos passions, cette voix intérieure se fait alors de moins en moins perceptible, au risque de nous fourvoyer dans une direction qui n'est pas celle de Dieu. Voix intérieure susceptible avec le temps de devenir inaudible... ou, tout simplement, d'être niée. Par contre, Dieu peut très bien alors cesser de nous appeler !

C'est ce que pense aussi le Dr Wilbert Kreiss : « La voix de la conscience peut se faire de plus en plus faible, jusqu'à s'éteindre. [...] L'homme peut aussi refuser de l'écouter, bien qu'elle soit claire et distincte. Enfin, il peut s'imaginer qu'il satisfait à toutes les exigences de la justice divine, qu'il est donc en règle avec le Seigneur et capable de faire son salut. Tout cela parce que le péché règne dans le monde et dans le cœur de chaque individu. C'est dire que la connaissance que l'homme a de Dieu en écoutant la voix de sa conscience, comme celle qui lui vient de la nature, est bien imparfaite et tout à fait insuffisante. Elle ne permet pas d'entrer en communion avec le Seigneur et de vivre en relation avec lui, car elle ne nous dit pas ce qu'il pense de nous et quelles sont ses intentions à notre égard. Elle ne nous dit surtout pas comment Dieu réagit quand il voit l'homme dans son péché. Il faut pour cela une autre révélation divine[1]. »

---

1. Wilbert Kreiss, « Dieu : la sainte trinité », *Petite dogmatique luthérienne*, Site de la Mission luthérienne au Québec, [En ligne] http://www.eglinselutherienne.org/, (consulté en novembre 2013).

Dieu nous parle et se révèle surtout par sa Parole

Pour avoir une connaissance suffisante de Dieu, l'homme a donc besoin d'une révélation surnaturelle complétant – sans la contredire si sa raison n'est pas faussée – la connaissance naturelle qu'il a pu acquérir de Dieu.

A propos de cette double révélation de Dieu, le théologien protestant Louis Berkhof nous fait remarquer : « La raison humaine ne peut construire un système scientifique de théologie sur la base pure et simple de la révélation naturelle ; l'entrée du péché dans le monde a considérablement obscurci l'œuvre de Dieu dans la nature et l'a en partie voilée, rendue illisible. De plus, l'homme a été frappé de cécité spirituelle ; il est donc devenu incapable de lire correctement ce que Dieu avait clairement et distinctement inscrit à l'origine dans la création. Afin de remédier à ce drame et pour éviter l'anéantissement de ses projets, Dieu est intervenu à deux niveaux. Eliminant tout risque d'incompréhension, il a réinscrit dans la révélation surnaturelle les vérités déjà contenues dans la révélation naturelle, puis, pensant aux besoins de l'homme, il les a interprétées et introduites dans la révélation surnaturelle de rédemption. Bien plus, il a guéri la cécité spirituelle de l'homme par l'œuvre de la régénération, de la sanctification et de l'illumination spirituelle, permettant ainsi à l'homme d'obtenir une véritable connaissance de Dieu, connaissance qui porte en elle l'assurance de la vie éternelle[1]. »

C'est effectivement seulement par le message salvateur de la Bible que l'homme peut connaître le Dieu rédempteur et trouver le chemin de l'espérance, autrement dit, la sagesse conduisant au salut. « Les Saintes Ecritures peuvent te rendre sage en vue du salut par la foi en Jésus-Christ », écrit l'apôtre Paul à Timothée (2 Timothée 3.15). En fait – c'est aussi la Bible qui le dit –, Dieu est proche de sa création et « a voulu qu'ils [tous les humains au cours de leur existence] cherchent le Seigneur, et qu'ils s'efforcent de le trouver en tâtonnant, bien qu'il ne soit pas loin de chacun de nous, car en lui nous avons la vie, le mouvement et l'être » (Actes 17.27-28).

Dans les pages de ce livre par excellence – qui se présente comme étant la Parole de Dieu –, le Créateur se révèle au travers du récit de multiples événements faisant l'objet de l'Ancien Testament jusqu'à sa révélation ultime en Christ contenue dans le Nouveau Testament. La Bible est tout simplement l'histoire du salut, l'histoire du rachat de l'humanité déchue par l'œuvre d'expiation de Jésus-Christ. « Dieu a tant aimé le monde qu'il a donné son Fils unique, afin que quiconque croit en lui ne périsse pas, mais qu'il ait la vie éternelle » (Jean 3.16). Par cette déclaration qui résume toute la révélation

---

1. Louis Berkhof, « La connaissabilité de Dieu », *Le Dieu trinitaire et ses attributs*, Traduction dynamique des chapitres II à VIII de sa *Théologie systématique* par Marie-José de Visme, *La Revue Réformée*, 2003, n° 222.

divine, le Christ donne à tous les croyants l'assurance de l'éternité.

Non seulement la Bible est ponctuée de nombreux témoignages attestant l'action de Dieu et sa puissance de transformation dans la vie des hommes d'autrefois mais en outre, celle-ci a le pouvoir de changer le cœur et de façonner la vie de ses lecteurs d'aujourd'hui. Il ne s'agit pas d'une puissance magique émanant par exemple du support de l'écriture mais d'un pouvoir résidant dans le message transmis, lui-même expression de la pensée divine. « La parole de Dieu [révèle l'épître aux Hébreux] est vivante et efficace, plus acérée qu'aucune épée à double tranchant, pénétrante jusqu'à séparer âme et esprit, jointures et moelles ; elle juge les sentiments et les pensées du cœur » (Hébreux 4.12).

En résumé

A partir de l'étude de la nature, l'homme peut parvenir avec certitude à la connaissance de l'existence et de la puissance de Dieu. Cependant, seule la révélation surnaturelle lui permet de discerner les desseins éternels du Créateur à son égard. La Bible dépeint notamment la situation de l'homme déchu après la chute originelle, sa misère et sa souffrance du fait de son éloignement d'avec Dieu. Elle apporte avant tout la solution divine (Jean 3.16) au problème du mal, un plan du salut insaisissable par la seule raison humaine ! Qui plus est, dans sa Parole, Dieu promet l'éternité (le principal objet de l'espérance chrétienne, nous y reviendrons au chapitre 5) à tous ceux qui reçoivent le message rédempteur de son fils Jésus-Christ !

Assurément, une telle connaissance ne peut être révélée à l'être humain que par ce livre inspiré de Dieu qu'est la Bible, la seule référence doctrinale pour le chrétien, l'unique source d'informations permettant d'acquérir une connaissance véritable de Dieu. Et surtout, rappelons-nous bien, la voix de Dieu à travers les Ecritures est aujourd'hui encore « la force dont Dieu se sert pour sauver tous ceux qui croient » (Romains 1.16, Bible en français courant[1] révisée en 1997). Alors, pourquoi ne ferions-nous pas nôtre cette règle de vie de Martin Luther : « *Nulla dies sine Scriptura* » (Pas un seul jour sans les Ecritures) ?

Pour autant – nous laissons le mot de la fin au théologien dominicain Philippe Cochinaux –, « ce serait évidemment fortement réducteur de ne voir l'écoute de Dieu qu'à partir des Ecritures. [...] Dieu s'exprime aujourd'hui encore de multiples manières. Cette voix ne s'est pas éteinte avec le temps. Elle est peut-être plus difficile à entendre dans notre société polluée par le bruit et l'empressement. En effet, la voix de Dieu s'exprime dans la brise légère, elle ne crie pas, elle susurre au creux de nous-mêmes. Et pour pouvoir l'entendre, il nous faut arrêter notre cinéma intérieur. Cette voix divine se laisse rencontrer lorsque nous reprenons le contact avec elle,

---

[1]. Par la suite, chaque fois que nous nous référerons à cette Bible, nous mentionnerons seulement le sigle BFC.

mais elle surgit également là où nous nous y attendons le moins. Dieu continue à nous parler, à travers de multiples signes, à travers de multiples rencontres. A nous de les déceler et de les nommer[1] ».

---

1. Philippe Cochinaux, *Fragments de bonheur*, Namur / Paris : Fidélité / Salvator, 2006, p. 63-64.

2

Le plan du salut

« Dieu a tant aimé le monde qu'il a donné son Fils unique, afin que quiconque croit en lui ne périsse pas, mais qu'il ait la vie éternelle »

Jean 3.16

Comme nous le soulignons au premier chapitre, la connaissance naturelle de Dieu n'est pas suffisante pour discerner ses desseins à notre égard. C'est seulement par la Bible – source unique du christianisme – que nous pouvons vraiment connaître Dieu et ce qu'il faut savoir pour accéder au salut.

Avant tout, il faut dire que le christianisme est une religion exceptionnelle de par son essence même… l'amour inconditionnel de Dieu pour ses créatures ! Une relation unique totalement absente dans les deux autres religions révélées et dans toutes les philosophies humaines. Dieu donne à l'homme une intelligence, un libre arbitre et la promesse d'un bonheur parfait pour l'éternité. Malheureusement, on sait que le mauvais choix de l'homme ne tarde pas à altérer cette relation. Mais Dieu, dans son amour absolu pour ses créatures – pour leur permettre d'accéder néanmoins à la vie éternelle – a prévu un plan inouï de sauvetage de l'humanité, fondé sur la grâce (objet du prochain chapitre) et dont l'objectif est la restauration de notre relation avec Lui. L'Ecriture nous révèle ce plan merveilleux dont nous allons tenter à présent de mettre en évidence les grandes lignes.

La chute de l'homme et ses conséquences

Dès les premières pages de la Bible, il est question d'un monde paradisiaque – ramené aux dimensions d'un verger où tout est parfait et harmonieux – dans lequel Dieu établit l'homme. Qui plus est, ce dernier dispose d'une entière liberté… même celle de douter de l'amour de son Créateur et de se séparer de Lui ! Cependant, il sait que la pérennité de son bonheur dépend de sa totale obéissance à la volonté de Dieu qui lui a fait cette recommandation : « Tu peux manger les fruits de n'importe quel arbre du jardin, sauf de l'arbre qui donne la connaissance de ce qui est bon ou mauvais. Le jour où tu en mangeras, tu mourras » (Genèse 2.16-17, BFC).

Plus précisément, dans le jardin d'Eden, l'éternité offerte à l'homme est conditionnelle. Pour bénéficier de la vie éternelle, il doit en effet cueillir et manger le fruit de l'arbre de vie[1] (Genèse 2.9), expression de la communication avec Dieu. Hélas, on peut constater

---

1. On peut reconnaître aussi dans cet arbre un symbole du Christ… ou tout simplement l'éternité proprement dite ! Arbre de vie d'un jardin perdu anticipant celui de la Jérusalem céleste qui fructifiera chaque mois (Apocalypse 22.2) et dont pourront disposer éternellement tous ceux qui auront choisi la vie. Quant à l'arbre de la connaissance du bien et du mal, il exprime la différence entre la créature qui reçoit la vie et le créateur qui donne la vie, inévitable frontière que l'homme doit respecter sous peine de déchéance.

que les humains ont toujours fait un triste usage de leur liberté… à commencer par nos premiers ancêtres ! Dès que ceux-ci tournent le dos à leur Seigneur en consommant du fruit de l'arbre interdit, l'accès à l'arbre de vie leur est interdit et ils sont chassés du paradis terrestre, car il est dès lors impossible que le bien y coexiste avec le mal né de leur désobéissance. Nous trouvons ce récit bien connu dans le troisième chapitre de la Genèse qui évoque aussi les conséquences de cette chute originelle.

« Expulsés du jardin, Adam et Eve ont cessé d'entretenir avec Dieu une communion spontanée [observe le pasteur et théologien Georges Stéveny]. Leur nature intime a été affectée par le péché. […] Désormais, la vie transmise est hypothéquée : elle s'écoule vers la mort. Tout nouveau-né est un condamné à mort en sursis. L'homme accède à l'existence, séparé de Dieu, sans lequel il ne peut pas vivre. […] Les hommes sont tous pécheurs et naturellement esclaves du péché[1]. »

A propos du péché originel, notons en passant cette remarque judicieuse de François Bonifas, ancien professeur de la Faculté de théologie protestante de Montauban : « Adam est seul responsable de sa faute ; elle ne peut nous être ni imputée, ni transmise. Ce qu'il nous transmet, c'est la déviation morale, la disposition vicieuse qui est le résultat de son acte coupable. Nous naissons tous pécheurs, non pas en ce sens que nous avons

---

1. Georges Stéveny, *Le mystère de la croix*, Dammarie-lès-Lys : Vie et Santé, 1999, p. 49, 172.

déjà péché, mais en ce sens que nous portons en nous le germe du péché, qui se développera infailliblement. Et ce germe du péché est déjà une souillure et une cause suffisante de séparation entre Dieu et nous[1]. »

L'apôtre Paul insiste effectivement sur la solidarité qui nous lie au premier homme : « Il n'y a pas de juste, pas même un seul » (Romains 3.10) ; « Tous ont péché et sont privés de la gloire de Dieu » (Romains 3.23). Cette solidarité « peut nous paraître lourde à porter lorsque nous pensons à l'héritage de péché et de mort laissé par Adam ; elle doit nous paraître merveilleuse et nous pousser à la louange lorsque nous comprenons qu'en Jésus-Christ le même principe nous introduit dans la sphère de la grâce et de la vie[2] ».

Hormis ses conséquences immédiates, – la séparation d'avec Dieu, la souffrance et la mort – la chute de l'homme a affecté la création tout entière, dès lors soumise à une dégradation progressive. Un processus qui d'ailleurs ne fait que s'accélérer de nos jours dans tous les domaines de la vie : économique, politique, social, moral et religieux ! Il n'est pas nécessaire de nous attarder ici sur les conséquences contemporaines de ce mauvais choix initial, les médias nous en parlent suffisamment.

---

1. François Bonifas, *Histoire des dogmes de l'église chrétienne*, Tome 2, Paris : Fischbacher, 1886, p. 192, cité par Alfred Vaucher, *op. cit.*, p. 133.

2. Richard Doulière, *La justice qui fait vivre*, Neuchâtel : Belle rivière, 1975, p. 87-88.

Pour autant, n'accusons pas trop vite Dieu, qui doit souffrir aussi en voyant sa création autrefois parfaite courir à sa perte. Avant de suspecter la colère divine, désignons plutôt l'homme comme principal responsable de ses malheurs. Devant ce processus de destruction – apparemment irréversible dans beaucoup de domaines malgré quelques efforts louables pour essayer de le freiner –, les humains en proie à l'inquiétude se demandent combien de temps leur bonne vieille planète va-t-elle rester encore habitable, jusqu'à quand devront-ils affronter, impuissamment, toutes ces souffrances et injustices souvent insupportables.

Le rachat de l'homme, mystère insondable

Aux yeux de Dieu, la chute de l'homme et sa principale conséquence (la mort) rendaient nécessaire un plan en vue du rachat de ses créatures déchues afin que le paradis ne soit pas à jamais perdu et que l'homme puisse renaître à la vie éternelle et devenir finalement citoyen d'un nouveau paradis.

Ainsi, dans son incompréhensible amour, Dieu a conçu – avant même la fondation du monde – ce plan de sauvetage exigeant la venue de son Fils Jésus-Christ sur notre terre en vue de rédimer justement l'humanité corrompue. Le Christ est l'unique médiateur entre Dieu et les hommes et le salut ne peut venir que de lui : « Car il n'y a sous le ciel aucun autre nom qui ait été donné parmi les hommes, par lequel nous devions être sauvés » (Actes 4.12).

Lui qui possédait toute gloire et puissance auprès de son Père céleste n'a pas hésité – en se faisant homme – à payer la rançon exigée par l'interdit transgressé. C'est grâce à sa vie sans péché et à sa mort expiatoire que nous sommes sauvés. La mort sur la croix – indissociable de la résurrection (cf. chapitre 4) – est au cœur de l'histoire du salut.

Autrement dit, Jésus-Christ est mort à notre place afin de nous réconcilier avec Dieu. Les pages du Nouveau Testament mettent suffisamment en relief ce sacrifice suprême : « Tous ont péché et sont privés de la gloire de Dieu, et ils sont gratuitement justifiés par sa grâce, par le moyen de la rédemption qui est en Jésus-Christ » (Romains 3.23-24) ; « Il y a […] un seul intermédiaire entre Dieu et l'humanité, l'homme Jésus-Christ qui s'est donné lui-même comme rançon pour la libération de tous. » (1 Timothée 2.5-6, BFC) ; « Lui qui a porté lui-même nos péchés en son corps sur le bois, afin que morts aux péchés nous vivions pour la justice » (1 Pierre 2.24) ; « Car Dieu était en Christ, réconciliant le monde avec lui-même, en n'imputant point aux hommes leurs offenses » (2 Corinthiens 5.19) ; « Ainsi, la faute d'un seul être, Adam, a entraîné la condamnation de tous les humains ; de même, l'œuvre juste d'un seul, Jésus-Christ, libère tous les humains du jugement et les fait vivre » (Romains 5.18, BFC).

Quel réconfort de savoir que cette grâce divine (ce don immérité) est offerte à tous et que « nous sommes grandement encouragés à saisir avec fermeté l'espérance qui nous est proposée » (Hébreux 6.18, BFC). Il suffit simplement de croire en Dieu le Père et à l'œuvre de rédemption de son Fils : « Car quiconque invoquera le nom du Seigneur sera sauvé » (Romains 10.13). Ainsi, tous ceux qui ressentent le besoin de se repentir de leur vie passée et de prendre Jésus-Christ comme modèle peuvent être assurés du pardon divin et de la vie éternelle qui fait l'objet du chapitre 5 de notre essai.

Le Christ reviendra

Cependant, avant que nous puissions pleinement jouir de la vie éternelle dans le nouveau paradis, le Christ doit revenir : « Il reviendra, mais sa seconde venue n'aura plus rien à faire avec le péché, il apparaîtra comme le Sauveur glorieux à tous ceux qui l'attendent continuellement, pour leur apporter le salut complet et définitif » (Hébreux 9.28, *Parole vivante* par Alfred Kuen). Jésus lui-même a promis qu'il reviendrait : « Je reviendrai » (Jean 14.3), et il n'a pas manqué de révéler à ses disciples inquiets tous les signes devant précéder son retour sur notre terre. Ces signes prophétiques sont rapportés dans le chapitre 24 de l'évangile de Matthieu (versets 6-33).

De plus, pour rassurer ses disciples, Jésus leur a fait cette promesse : « Il y a beaucoup de place dans la maison de mon Père ; sinon vous aurais-je dit que j'allais vous préparer le lieu où vous serez ? Et après être allé vous préparer une place, je reviendrai et je vous prendrai auprès de moi, afin que vous soyez, vous aussi, là où je suis » (Jean 14. 2-3, BFC). Ces habitations dans la cité sainte sont donc destinées à devenir les demeures éternelles des croyants de tous les temps.

Même si, aujourd'hui, la décrépitude de l'humanité a de quoi faire souffrir les chrétiens, ne désespérons pas pour autant mais accrochons-nous seulement aux promesses divines (2 Pierre 3.13) et aux prophéties dont la plus grande partie s'est déjà réalisée. L'Ecriture nous apprend aussi que « le Seigneur ne tarde pas dans l'accomplissement de la promesse, comme quelques-uns le croient ; mais il use de patience envers vous, ne voulant pas qu'aucun périsse, mais voulant que tous arrivent à la repentance » (2 Pierre 3.9). Heureusement, l'avènement du Christ – qui sera soudain et inattendu (cf. Matthieu 24.37-44, Luc 21.34-36) – mettra fin à toutes les souffrances et injustices.

Rappelons que le texte de la Bible associe la parousie (du mot grec *parousia* signifiant la seconde venue) à la résurrection des morts, mais aussi au commencement de l'éternité, cette apothéose promise au terme de notre vie terrestre. Trois notions étroitement liées qui expliquent l'espérance chrétienne.

La nouvelle création

Le dernier livre de la Bible nous dit que Dieu – après son jugement universel – créera de nouveaux cieux et une nouvelle terre : « Puis je vis [c'est l'apôtre Jean qui a reçu cette révélation de Dieu] un nouveau ciel et une nouvelle terre ; car le premier ciel et la première terre avaient disparu, et la mer n'existait plus… » (Apocalypse 21.1 à 22.5 ; cf. 2 Pierre 3.13).

Qui plus est, Dieu créera une cité sainte d'une splendeur incomparable, la nouvelle Jérusalem, le tabernacle de Dieu – représentation symbolique d'un lieu idyllique au sein du nouveau paradis – où demeureront les croyants qui lui sont restés fidèles : « Je vis descendre du ciel, d'auprès de Dieu, la ville sainte, la nouvelle Jérusalem, préparée comme une mariée qui s'est faite belle pour son époux. J'entendis une voix forte venant du ciel qui disait : Voici le tabernacle de Dieu parmi les hommes ! » (Apocalypse 21.2-3). Dans ce livre d'espérance, nous trouvons une description étonnante de cette ville dont il nous est difficile d'imaginer la beauté, car construite « en or pur » et « ornée de pierres précieuses de toutes sortes » (Apocalypse 21.18-19).

Quel encouragement pour les croyants de savoir que dans la nouvelle Jérusalem, Dieu « habitera avec eux, [les hommes] et ils seront son peuple, et Dieu lui-même sera avec eux. Il essuiera toute larme de leurs yeux, et la mort ne sera plus ; il n'y aura plus ni deuil, ni cri, ni douleur » (Apocalypse 21.3-4). Dieu lui-même sera la magnificence de la sainte cité. Sa gloire éclairera constamment toute la ville qui ne connaîtra jamais l'obscurité.

Ainsi, le peuple de Dieu retrouvera la perfection initiale du jardin d'Eden dans le paradis recréé au sein de la nouvelle Jérusalem où le péché et le mal n'existeront plus. Il pourra aussi à nouveau avoir librement accès à l'arbre de vie, source de vie éternelle interdite à Adam et Eve après leur désobéissance.

En résumé

Le salut est offert à tous les hommes, sans exception. Le message du salut apparaît comme le fil conducteur de l'ensemble de la révélation biblique. Aussi, tout lecteur de l'Ecriture sainte cherchant à mieux connaître Dieu et son plan en vue du rachat de l'humanité peut prétendre au bénéfice des effets de l'œuvre rédemptrice de Jésus-Christ. Il lui suffit pour cela de saisir cette grâce divine pour être admis sur la nouvelle terre où régneront la paix, la justice et l'amour, conformément à l'espérance de la vie éternelle. Les heureux citoyens du paradis seront ceux qui reconnaissent la voix de Dieu, se laissent enseigner par la Bible et placent leur confiance en Christ en acceptant sa grâce : « Le don gratuit de Dieu, c'est la vie éternelle en Jésus-Christ notre Seigneur » (Romains 6.23). « Cette connaissance de Dieu à travers la foi n'est donc pas seulement intellectuelle, mais vitale[1] », souligne le pape Benoît XVI.

Pour Paul, Dieu anticipe même déjà ici-bas l'accomplissement de sa promesse : « Dieu, qui est riche en miséricorde, à cause du grand amour dont il nous a aimés, nous qui étions morts par nos offenses, nous a rendus à la vie avec Christ (c'est par grâce que vous êtes

---

1. Benoît XVI (pape), *Audience générale*, Salle Paul VI, Rome, 21 novembre 2012, Site du Vatican, [En ligne] http://www.vatican.va/, (consulté en novembre 2013).

sauvés) ; il nous a ressuscités ensemble, et nous a fait asseoir ensemble dans les lieux célestes, en Jésus-Christ, afin de montrer dans les siècles à venir l'infinie richesse de sa grâce par sa bonté envers nous en Jésus-Christ » (Ephésiens 2.4-7).

Georges Stéveny, à qui nous empruntons ces lignes, ajoute à propos du salut : « Toutefois, la situation d'homme sauvé est toujours présentée comme une vie à entretenir sans cesse. Nous sommes toujours en voie de salut, en train d'être sauvés. Sera donc sauvé celui qui persévérera jusqu'à la fin (Matthieu 10.22). Le salut est déjà réel, mais pas encore définitif. Il conserve une perspective eschatologique[1] ».

---

1. Georges Stéveny, *op. cit.*, p. 73.

3

La grâce de Dieu

« Que la grâce et la paix vous soient données de la part de Dieu notre Père et du Seigneur Jésus-Christ »

2 Thessaloniciens 1.2

Il y a plus de deux mille ans, Jésus-Christ acceptait de vivre la condition humaine et toutes les souffrances d'ici-bas afin de libérer l'homme de l'esclavage du mal. La grâce – faveur imméritée – de Dieu est la « source de salut pour tous les hommes » (Tite 2.11), elle exclut le désir de justice par les œuvres et transforme miraculeusement tous ceux qui l'acceptent. Toutefois, au cours de l'histoire de l'Eglise, cette grâce a souvent été minimisée, nous en parlerons à la fin de ce chapitre.

Le salut de l'homme résulte de la grâce de Dieu

Nous l'avons vu au chapitre précédent, le péché a provoqué la séparation entre Dieu et les hommes et ceux-ci ne peuvent se soustraire à la condamnation à mort prononcée par la loi divine : « Le salaire du péché, c'est la mort » (Romains 6.23).

Mais par amour pour ses créatures vouées à la perdition éternelle, Dieu leur accorde une grâce, son Fils prendra leur place en acceptant la mort la plus atroce – celle de la croix – afin de payer le prix de leurs transgressions (cf. Romains 3.23-24). Cette grâce ne peut pas

« être envisagée comme la récompense de nos œuvres ou de nos sacrifices [précise – en termes simples et clairs que nous reprenons volontiers ici – le pasteur Charles Gerber], sinon ce ne serait plus une grâce ; elle est un don gratuit, qui nous a été acquis par la vie, les souffrances et la mort de Jésus-Christ sur la croix. Mis au bénéfice de cette grâce qu'il accepte par la foi, le pécheur passe du régime de la loi au régime de la grâce, c'est-à-dire qu'il échappe au châtiment prévu par la condamnation de la loi, ce châtiment ayant été subi par le Christ[1] ». « Il n'y a donc maintenant aucune condamnation pour ceux qui sont en Jésus-Christ » (Romains 8.1).

Dans sa lettre aux Ephésiens, Paul explique justement comment Dieu arrache ses créatures à la mort spirituelle : « Autrefois, vous étiez spirituellement morts à cause de vos fautes, à cause de vos péchés. [...] Mais la compassion de Dieu est immense, son amour pour nous est tel que, [...] il nous a fait revivre avec le Christ. C'est par la grâce de Dieu que vous avez été sauvés. Dans notre union avec Jésus-Christ, Dieu nous a ramenés de la mort avec lui pour nous faire régner avec lui dans le monde céleste. Par la bonté qu'il nous a manifestée en Jésus-Christ, il a voulu démontrer pour tous les siècles à venir la richesse extraordinaire de sa grâce » (Ephésiens 2.1-7, BFC).

En soulignant que « la vie chrétienne commence par la justification, c'est-à-dire par le pardon ou la rémission des péchés », le théologien protestant André Gounelle

---

1. Charles Gerber, *op. cit.*, p. 291.

a soin de faire remarquer que « le croyant justifié reste pécheur. Son péché ne s'évanouit pas. […] Il a toujours besoin de prier Dieu pour lui demander "pardonne-moi mes offenses". L'acte de Dieu qui décide de ne pas en tenir compte se renouvelle donc à chaque instant, de manière toujours aussi surprenante. […] Ma justification, mon salut se passe toujours aujourd'hui, dans le moment que je suis en train de vivre, dans mon présent. La parole qui me fait grâce ne se trouve jamais derrière moi, dans mon passé. […] Dieu nous sauve sans cesse à nouveau[1] ».

La grâce de Dieu est un concept tellement inouï qu'il semble dépasser l'intelligence humaine, à tel point que beaucoup d'hommes l'acceptent difficilement. Pourtant, l'Ecriture ne cesse de souligner cet attribut divin qui est en fait le thème principal de l'Evangile (le mot grâce revient plus de 160 fois dans la Bible). La grâce est l'expression de l'amour de Dieu envers ses créatures (Jean 3.16). Si à cause du péché tous les hommes méritent la mort, à tous cependant est offerte la grâce d'un Dieu aimant... la dette de chacun a déjà été payée par le Créateur, c'est la bonne nouvelle de l'Evangile ! L'acceptation de cette grâce constitue la seule condition du salut comme le rappelle clairement le livre des Actes des Apôtres : « Crois au Seigneur Jésus et tu seras sauvé, et ta famille avec toi » (Actes 16.31, BFC). Acte de foi qui, rappelons-le, engage la liberté humaine.

---

1. André Gounelle, Cours sur le protestantisme donné en 1998, *La grâce et la foi*, [En ligne] http://andregounelle.fr/, (consulté en novembre 2013).

La grâce exclut les œuvres méritoires

Mais, est-ce si facile de croire à la grâce divine, à ce don immérité ? Il n'est pas évident en effet pour les êtres humains que nous sommes de s'humilier devant Dieu, de se repentir, de confesser ses péchés et surtout de reconnaître notre totale impuissance à gagner notre salut par nos propres moyens. Bref, notre orgueil humain ne nous incite pas à accepter volontiers – à titre gracieux – une place au ciel, mais nous pousse plutôt à rechercher ce salut par nos propres œuvres !

Aussi, bon nombre de chrétiens (certes, profondément sincères et respectables) pensent qu'ils doivent collaborer à l'œuvre du salut en faisant des actions méritoires. Mais ce n'est pas ce qui se dégage des écrits de Paul qui nous fait bien comprendre que le salut s'obtient par la foi et non par l'obéissance à la loi : « C'est par la grâce en effet que vous êtes sauvés, par le moyen de la foi. Et cela ne vient pas de vous, c'est le don de Dieu. Ce n'est point par les œuvres, afin que personne ne se glorifie » (Ephésiens 2.8-9) ; « Ce n'est pas par les œuvres de la loi que l'homme est justifié, mais par la foi en Jésus-Christ » (Galates 2.16) ; « Ainsi donc, étant justifiés par la foi, nous avons la paix avec Dieu par notre Seigneur Jésus-Christ ; c'est par lui que nous avons accès par la foi à cette grâce, dans laquelle nous demeurons fermes » (Romains 5.1-2).

A ce sujet, André Gounelle, déjà cité dans la section précédente, résume assez bien la position de Saint Augustin, reprise par Luther et les réformateurs : « Le salut vient entièrement et uniquement de Dieu.

Le péché a totalement corrompu l'être humain. Il asservit sa volonté, il affecte ses intentions. Il le domine, corps et âme, et le rend incapable non seulement de gagner le salut, mais même de faire quoi que ce soit qui puisse lui mériter l'indulgence et lui valoir le secours de Dieu. Tout en nous est mauvais. Notre salut dépend exclusivement de Dieu, nous ne pouvons y contribuer en rien. Nous le recevons, comme nous recevons la vie, sans l'avoir mérité, sans l'avoir demandé ni désiré, sans avoir rien eu à faire. Dieu ne donne pas le salut à des justes, il n'en existe pas. Il ne fait pas grâce à ceux qui pourraient faire valoir des circonstances atténuantes ou dont les fautes lui paraîtraient moins graves. Significativement dans l'évangile, les pharisiens, à la conduite impeccable, n'ont aucun privilège par rapport aux prostituées et aux gens de mauvaise vie. Ils se croient meilleurs ; en réalité, devant Dieu, ils ne valent pas mieux, et ont autant besoin de la grâce qu'eux[1]. »

Cette tentative – bien humaine – de contribuer à son propre salut est totalement inutile. Pire, elle annule « l'efficacité » du sacrifice du Christ, autrement dit, c'est une insulte à la grâce de Dieu ! On peut aussi se référer au texte de Galates 5.4, particulièrement explicite : « Si vous voulez gagner l'approbation divine par vos efforts et vos œuvres, vous vous coupez de la communion avec Christ, vous quittez le domaine de la grâce de Dieu » (*Parole vivante* par Alfred Kuen).

Cela dit, que penser de l'enseignement de l'apôtre Jacques lorsqu'il dit « que la foi sans les œuvres est

---

1. *Ibid.*

inutile » (Jacques 2.20) ? Son exhortation ne s'oppose-t-elle pas au message de Paul ? Non, au contraire, l'action du croyant est la démonstration de sa foi, son prolongement, sa forme. On pourrait dire qu'il fait des œuvres non pour être sauvé, mais parce qu'il est sauvé ! Et ces actions-là ne s'apparentent plus à des mérites.

Ainsi, l'homme est absolument incapable de contribuer à son salut. Personne ne peut en effet prétendre collaborer à l'œuvre de rédemption du Christ – parfaite et pleinement suffisante pour apporter le salut à tous – car cela reviendrait à se substituer présomptueusement à lui. La vie éternelle est véritablement un don de Dieu (Romains 6.23) et nul ne peut l'acquérir par ses œuvres si belles soient-elles !

La grâce transforme le croyant

Le fait de savoir qu'une vie nouvelle avec un idéal élevé peut commencer et que les choses anciennes sont effacées et pardonnées par un Sauveur aimant incite ainsi le croyant à obéir à sa volonté, à lui faire entièrement confiance et à lui être agréable par des actes de reconnaissance… et non point méritoires comme nous venons de le voir. Ce sont là les conséquences naturelles du bénéfice de la grâce.

Et même ces actes de gratitude, ces « bonnes actions [c'est Dieu qui les] a préparées depuis longtemps pour nous » (Ephésiens 2.10, *Parole vivante* par Alfred Kuen). De surcroît, en acceptant la grâce divine « Dieu lui-même œuvre en [nous], sa bienveillance suscite en [nous] à la fois la volonté et l'action, afin que ses desseins soient exécutés » (Philippiens 2.13, *Parole vivante* par Alfred Kuen).

Donc, pour Paul aussi, les bonnes œuvres procèdent de la grâce ; autrement dit, la vraie foi « débouche sur l'amour et se traduit par des actes » (Galates 5.6, *Parole vivante* par Alfred Kuen). Dans cet ordre d'idée, on peut dire que le baptême – tout en étant une réponse à un commandement du Christ (Marc 16.16) – découle naturellement de la foi… et n'est pas une œuvre de mérite.

En reconnaissance de cette grâce de Dieu, nous ne saurions nous taire comme les premiers disciples. Répandre la bonne nouvelle de la grâce en toute occasion autour de nous devrait être notre objectif suprême (cf. Matthieu 28.19-20), non dans le dessein d'amener les autres à une quelconque dénomination religieuse, mais afin qu'eux aussi puissent bénéficier des effets de l'œuvre rédemptrice de Jésus-Christ.

C'est en tout cas la pensée de Samuel Sahagian, pasteur de l'Eglise réformée de France : « Ne comptant plus que sur la grâce et l'amour de Dieu, étant libéré de la folle prétention de faire ton salut par tes œuvres ou tes mérites, par ton orthodoxie doctrinale ou morale, ou par ton orthopraxie politique, tu n'as plus le droit désormais de juger ton frère pour le condamner, même s'il est ton adversaire politique ou théologique. Toi, protestant évangélique, luthérien, baptiste, réformé ou pentecôtiste, mennonite ou charismatique, tu n'as plus le droit de refuser à un frère protestant, de quelque chapelle qu'il soit, le titre de frère chrétien. Tu n'as plus le droit de refuser de prendre la Cène avec lui. Toi et lui, vous dépendez ensemble de la seule grâce, du seul amour de Dieu, manifesté en Jésus-Christ, mort et ressuscité pour tous, comme d'ailleurs en dépendent, qu'ils en soient ou non conscients, tous les hommes : car telle est notre foi. Toi, protestant, tu n'as plus le droit, parce qu'un jour tes pères ont été persécutés par l'Eglise catholique, de refuser aujourd'hui d'appeler les catholiques frères en Christ et de communier avec eux au corps et au sang du Seigneur, que ce soit à la messe dans une église catholique ou au culte dans un temple protestant[1]. »

Dans sa lettre à Tite, Paul met grandement l'accent sur ce fameux bouleversement intérieur, fruit de la grâce agissante : « En effet, la grâce de Dieu s'est révélée comme une source de salut pour tous les hommes ; elle s'est levée sur ce monde, illuminant l'humanité entière et apportant à tous la possibilité d'être délivrés du péché. Elle veut nous éduquer et nous amener à nous détourner de toute impiété, à rejeter toutes les passions et convoitises terrestres et à renoncer à la course aux plaisirs. Elle nous enseigne à vivre dans le monde présent avec sagesse, réserve et maîtrise de soi, en toute intégrité et honorabilité devant Dieu. Elle remplit nos cœurs de l'attente ardente de la réalisation de notre bienheureuse

---

1. Sahagian Samuel, « Savoir se souvenir… Le message de liberté de la Réforme », Sermon de commémoration délivré à l'occasion du tricentenaire de la Révocation de l'Edit de Nantes, Salle de la Mutualité, Paris, 13 octobre 1985, *Conscience et Liberté*, 1986, n° 31, p. 107-108.

espérance : l'avènement glorieux de notre grand Dieu et Sauveur Jésus-Christ. Ne s'est-il pas livré lui-même pour nous afin de payer la rançon de toutes nos injustices et de nous racheter ainsi de l'asservissement au péché, en vue de se créer un peuple purifié du mal qui lui appartienne tout entier et qui se passionne pour l'accomplissement d'œuvres bonnes » (Tite 2.11-14, *Parole vivante* par Alfred Kuen).

Le rôle de la grâce a souvent été minimisé

Entre autres faits saillants, toute l'histoire de l'Eglise témoigne d'une lutte constante entre ceux qui – s'appuyant notamment sur les écrits pauliniens – défendent l'exclusivité de la grâce dans le salut de l'être humain et ceux qui, sous-estimant le rôle de cette dernière, affirment que le salut nécessite la coopération de l'homme.

Pélage (v. 360 - v. 422), hérésiarque originaire de Bretagne romaine, est l'un des premiers à nier le péché originel et la nécessité de la grâce divine. Mettant l'accent sur les forces du libre arbitre, il considère que l'homme est capable de déterminer ce qui est bien et ce qui est mal, et qu'il peut prétendre obtenir le salut par ses œuvres. Après avoir été combattu avec vigueur par Augustin, le pélagianisme se voit officiellement condamné par le Concile œcuménique d'Éphèse en 431.

Cela n'empêche pas la naissance – au cours du Ve siècle – d'une nouvelle hétérodoxie que l'on appellera plus tard semi-pélagianisme car représentant un compromis entre la position d'Augustin et celle de Pélage. Pour les tenants de cette option, l'homme est à même de collaborer avec Dieu à l'œuvre de son salut. Ainsi, « dans cet humanisme, une distinction est faite entre le début de la foi qui est un acte de libre arbitre et la progression de la foi qui est œuvre divine. [Cette doctrine fut, elle aussi,] condamnée comme hérétique lors du deuxième Concile d'Orange en 529[1]. »

Malgré la condamnation de ces premières hérésies, on sait que l'Eglise catholique a toujours accordé une certaine importance aux œuvres méritoires, voire surérogatoires. Depuis très longtemps, certains croyants voudraient même attribuer à Marie un rôle parallèle (pour ne pas dire concurrent) à celui du Christ, faisant d'elle la « corédemptrice ». Qui plus est, à l'image de Marie, d'aucuns pensent que chaque homme est appelé à devenir un « corédempteur » ! Termes par trop audacieux puisque impliquant une collaboration humaine à l'œuvre parfaite de rédemption accomplie par Jésus-Christ, « une fois pour toutes » (Hébreux 10.10).

Le théologien catholique Hendro Munsterman note cependant que « parmi tous les titres que la tradition chrétienne a attribués à la mère de Jésus, celui de "corédemptrice", né au XVe siècle, connut ses heures de gloire dans la première moitié du XXe siècle, mais fut délibérément abandonné par le concile Vatican II[2] ».

---

1. *L'encyclopédie libre Wikipédia*, « Semi-pélagianisme », [En ligne] http://www.wikipedia.org/, (consulté en novembre 2013).
2. Hendro Munsterman, *Marie corédemptrice ?*, Paris : Cerf, 2006, 4me de couverture.

Bref, cette question des œuvres a nourri durant des siècles – particulièrement lors de la Réforme – une controverse majeure au sein des Eglises occidentales. Pour autant, André Birmelé (professeur à la Faculté de théologie protestante de Strasbourg) de son côté, fait remarquer que depuis une cinquantaine d'années « ces approches différentes de la valeur des œuvres » ont laissé place à un large consensus : « Tous s'accordent à dire que les œuvres ne sont que la conséquence, mais la conséquence nécessaire, de la justification du croyant que l'Esprit Saint éveille à la foi et qui ne saurait mériter la grâce qui lui est faite. Les bonnes œuvres naissent de la relation nouvelle qui unit Dieu et l'homme[1]. »

Soit dit en passant, depuis ce dernier concile – avec l'accent mis sur l'importance de la Bible, sur la grâce divine et sur le retour du Christ –, nous avons suffisamment de raisons de croire que l'Eglise romaine puisse espérer s'attirer les sympathies du monde chrétien non catholique.

La notion d'activité corédemptrice n'a pas de fondement biblique

Comme nous l'avons remarqué précédemment, l'apôtre Paul est clair dans ses écrits et écarte fermement toute idée de « synergisme » en matière de salut. Néanmoins à ce propos, il faut souligner le passage suivant – quelque peu mystérieux – de sa lettre aux Colossiens sur lequel

---

1. André Birmelé, « Œuvres », *Dictionnaire critique de théologie*, Paris : Quadrige / PUF, 2007, p. 991.

s'appuient généralement ceux qui soutiennent que leurs souffrances peuvent avoir une valeur expiatoire en venant se surajouter à celles du Christ et ainsi, « achever » et « parfaire » son œuvre de rédemption de l'humanité : « Je me réjouis maintenant dans mes souffrances pour vous, et ce qui manque aux souffrances de Christ, je l'achève en ma chair, pour son corps, qui est l'Eglise » (Colossiens 1.24). Comment comprendre cette affirmation de Paul ? Que manque-t-il aux souffrances du Christ ? Ce verset peut-il en définitive donner raison à ceux qui prétendent pouvoir compléter son œuvre par leurs efforts ou leurs souffrances ?

Laissons le pasteur Paulin Bédard, spécialiste des Saintes Ecritures, nous donner une réponse à ces questions : « Du point de vue de sa fonction sacerdotale, les souffrances du Christ durant sa vie sur terre et particulièrement sur la croix sont terminées. Elles sont complètes et parfaites pour nous assurer pleinement notre pardon et notre rédemption. Que personne n'ose prétendre ajouter quelque chose à ses souffrances expiatoires ! […] Cependant, du point de vue de sa fonction prophétique, les souffrances du Christ durant son ministère public n'étaient pas complètes. Il fallait que Jésus prolonge sa fonction prophétique par le biais du ministère de ses apôtres. […] C'est justement de cela dont il est question dans notre passage. Pour que l'Evangile soit annoncé à toute créature et se propage au monde entier, il fallait que Paul soit envoyé auprès des païens afin de faire passer la bonne nouvelle de Jésus-Christ du monde juif au monde grec et païen. Pour cela, il fallait que Paul souffre beaucoup pour l'Eglise et pour cet Evangile. […] Paul a complété la fonction prophétique du Christ et non sa fonction sacerdotale[1]. »

Et Paulin Bédard de poursuivre : « Qu'en est-il de nous ? […] Est-ce que nous partageons quelque chose de la fonction prophétique de Jésus-Christ ? Oui, certainement ! Nous sommes des prophètes, nous aussi. […] A ce titre, nous sommes appelés à souffrir pour l'Evangile. […] Le mandat missionnaire confié aux apôtres et à l'Eglise n'est pas encore complété. […] Il reste beaucoup de travail à faire, aussi bien pour annoncer l'Evangile au monde qui ne connaît pas Jésus-Christ que pour continuer d'annoncer l'Evangile dans l'Eglise. […] Ainsi donc, en aucune façon nos souffrances n'ajoutent quoi que ce soit aux mérites propitiatoires de Jésus, mais nos souffrances peuvent servir au bien de l'Eglise […] et à l'avancement de l'Evangile[2] ! »

En résumé

Dieu tient à tout prix à restaurer la relation avec ses créatures déchues, la grâce est l'expression de son amour ! La grâce de Dieu est notre source de salut et nous sommes sauvés par le moyen (canal qui s'impose comme le passage obligé) de la foi… d'où les expressions équivalentes « salut par la grâce » ou « salut par la foi ». Quant aux œuvres, « elles sont la conséquence du salut et

---

1. Paulin Bédard, *Souffrir pour l'Église !*, « Catégorie Autres », site de l'Eglise Chrétienne Réformée de Beauce, Canada, [En ligne] http://beauce.erq.qc.ca/, (consulté en novembre 2013).
2. *Ibid.*

non sa cause. Il faut voir en elles les fruits de la foi. […] Ces fruits, ces conséquences, cette suite, on les appelle "sanctification", par quoi il faut entendre le processus qui fait grandir chez le croyant une nouvelle créature, qui le conduit à mener une existence conforme à la volonté de Dieu[1] ».

Par sa mort et sa résurrection (objet du prochain chapitre), le Christ a donc sauvé toute l'humanité. Cette bonne nouvelle a bouleversé la vie de ses disciples avant que ceux-ci – et leurs successeurs – la propagent dans le monde entier. Mais, si en matière d'évangélisation, la contribution humaine est primordiale dans le plan divin, en ce qui concerne son salut, l'homme ne saurait par contre coopérer en aucune manière avec Dieu. Jésus-Christ a « tout accompli ».

---

1. André Gounelle, *op. cit.*

4
La résurrection

« La résurrection est une idée toute naturelle ; il n'est pas plus étonnant de naître deux fois qu'une[1]. »
Voltaire

« La certitude de la résurrection fonde l'Eglise[2]. »
Suzanne de Diétrich

Par rapport à l'espérance de l'Ancien Testament (que nous étudions au chapitre 6), l'espérance du Nouveau Testament – ouverte par la résurrection du Christ – se présente comme quelque chose d'inédit et d'une grandeur inouïe. Comme le fait remarquer le théologien dominicain Michel Gourgues, « ce qui est radicalement changé, c'est le fondement de cette espérance. Celle-ci ne s'appuie plus sur un enseignement, mais sur un événement. On ne se réfère plus d'abord aux quelques indications furtives [...] sur l'après-mort, que Jésus a pu glisser ici où là, dans le feu d'une controverse ou en marge d'une parabole. On se réfère désormais à ce que la foi proclame comme sa certitude de base : "Christ

---

1. Voltaire, Citation, Site Evene.fr, [En ligne] http://www.evene.fr/, (consulté en novembre 2013).
2. Suzanne de Diétrich, *Le dessein de Dieu*, Neuchâtel : Delachaux et Niestlé, 1948, p. 131.

est ressuscité le troisième jour selon les Ecritures" (1 Corinthiens 15.4)[1] ».

L'authenticité de la résurrection du Christ est prouvée par les nombreux témoignages des apôtres. Ce fait est la preuve éclatante de sa divinité. La résurrection du Christ est l'événement fondateur de la foi des premiers chrétiens et le principal stimulus de leur espérance... car elle préfigure la résurrection des morts. Pourtant, hélas, cette belle espérance chère à la chrétienté primitive a pour la plupart de nos contemporains perdu de sa crédibilité ! Il convient maintenant d'aborder ces différents thèmes.

La résurrection du Christ, une réalité historique

Bien que la résurrection de Jésus n'ait « pas eu de témoin immédiat » et qu'on ne puisse donc pas avoir de preuves historiques aussi convaincantes que celles de sa mort, il faut bien admettre avec le théologien catholique Bernard Sesboüé qu' « il existe des preuves historiques certaines que des hommes ont témoigné de cette résurrection, parce qu'ils y ont cru. [...] L'événement de la résurrection de Jésus [...] est l'expression d'un acte de foi qui inclut en lui un jugement raisonnable de crédibilité. [...] Le témoignage des apôtres constitue un ensemble de traces accessibles à la méthode historique. [...] Cet événement est encore historique par les traces durables qu'il a laissées dans l'histoire. Pensons au vaste mouvement de ceux qui à travers vingt siècles ont cru et

---

1. Michel Gourgues, *L'au-delà dans le Nouveau Testament*, Paris : Cerf, 1982, p. 24.

croient au ressuscité et font de la résurrection de Jésus le fondement de leur existence[1] ».

« Si l'on part du présupposé que Dieu existe [écrit le pasteur Bruno Gaudelet], qu'il s'est manifesté dans l'histoire des hommes, que sa manifestation est nécessairement "sur-naturelle" (c'est-à-dire qui dépasse le monde naturel), les récits évangéliques concernant la résurrection ne sont pas du tout invraisemblables. Au reste, n'oublions jamais que les apôtres sont morts pour avoir juré jusqu'au bout qu'ils avaient vu Jésus ressuscité, qu'ils lui avaient parlé, et pris des repas avec lui. […] Ainsi, c'est avec respect que le croyant reçoit leur témoignage, scellé de leur sang, dans la conviction de leur sérieux et de leur fiabilité[2]. »

Pareillement, le théologien protestant Charles-Edouard Babut souligne que « la principale preuve de la résurrection de Jésus-Christ est fournie par le témoignage des apôtres, des évangélistes et, en général, des premiers disciples de Jésus. Ces témoins ne peuvent pas s'être fait illusion. Encore moins les témoins de la résurrection de Jésus peuvent-ils être soupçonnés de mensonge. Le caractère moral des apôtres, leur accent de conviction, les railleries et les persécutions que leur attirait la prédication d'un Messie mort et ressuscité, écartent

---

1. Bernard Sesboüé, *Y a-t-il des preuves historiques de la résurrection de Jésus ?*, Article publié en avril 2012, Site Croire.com du groupe Bayard, [En ligne] http://www.croire.com/, (consulté en novembre 2013).

2. Bruno Gaudelet, « La résurrection du christ », *La Revue réformée*, mars 1999, n° 203.

absolument toute supposition de ce genre. Autant les témoins sont dignes de foi, autant les témoignages qu'ils ont rendus à la résurrection de Jésus, objet principal de leur foi et de leur prédication, sont clairs, explicites, unanimes sur les points essentiels[1] ».

C'est ce que confirme Jean-Pierre Torrell, dominicain et professeur émérite à la faculté de théologie de l'Université de Fribourg en Suisse : « La résurrection comme telle n'a pas eu de témoins, mais les apparitions du Ressuscité en ont eu, et c'est d'elles que les origines de la foi chrétienne reçoivent leurs coordonnées historiques[2]. »

En effet, après sa résurrection Jésus est apparu – en divers lieux – à de nombreuses personnes, notamment à Marie de Magdala et l'autre Marie (Matthieu 28.9), aux disciples, Thomas étant absent (Jean 20.19-20), aux disciples, Thomas étant présent (Jean 20.26-27), à sept apôtres au bord de la mer de Galilée (Jean 21.1-14), aux deux disciples d'Emmaüs (Luc 24.13-31), à plus de cinq cents frères à la fois (1 Corinthiens 15.6), à Pierre (1 Corinthiens 15.5), à Jacques (1 Corinthiens 15.7).

Notons que l'Ecriture fournit encore bien d'autres preuves convaincantes – que nous ne pouvons développer dans cet ouvrage, par contre suffisamment analysées par ailleurs – de la résurrection du Christ. Mais l'authenticité

---

1. Charles-Edouard Babut, *La vérité chrétienne*, Paris : La Cause, 1942, p. 110.
2. Jean-Pierre Torrell, *Résurrection de Jésus et résurrection des morts*, Paris : Cerf, 2012, p. 29.

de cette dernière est avant tout prouvée par les nombreux témoignages des apôtres, qu'aucune critique ne saurait anéantir : « Devant ces témoignages, il est impossible d'interpréter la Résurrection du Christ en-dehors de l'ordre physique, et de ne pas la reconnaître comme un fait historique[1] » affirme sans réserve le *Catéchisme de l'Eglise catholique*. « Le Seigneur est réellement ressuscité » (Luc 24.34) !

La résurrection du Christ, preuve de sa divinité

La résurrection confirme la filiation divine de Jésus. On trouve à ce propos dans la Bible – plus précisément dans les premières lignes de la Lettre aux Romains – une citation suffisamment probante : « Cette Bonne Nouvelle que j'annonce, Dieu l'a promise il y a déjà bien longtemps par ses prophètes, dans les Saintes Ecritures. Elle parle de son Fils : par sa nature humaine, il descend de David, mais sa résurrection d'entre les morts a manifesté avec éclat en lui le Fils tout-puissant de Dieu, doté de la nature et de la sainteté divines » (Romains 1.2-4, *Parole vivante* par Alfred Kuen).

Pour Bernard Sesboüé (déjà cité), la résurrection « prend valeur de signature divine de l'itinéraire humain de Jésus. […] La résurrection sera reçue dans l'Eglise comme la grande preuve de la divinité de Jésus, puisque celui-ci avait revendiqué cette filiation et qu'elle se

---

1. *Catéchisme de l'Eglise catholique*, Paris : Mame / Plon, 1992, p. 142.

trouve confirmée[1] ». Le théologien protestant suisse Emil Brunner ne tient pas un autre langage : « Dieu, par la résurrection de Jésus, a fait briller et transparaître la filialité divine du crucifié[2]. »

La résurrection du Christ – qu'il avait lui-même prédite (Matthieu 16.21, 17.9, 17.23, 20.19, 26.32, 27.63) – est le témoignage de la toute-puissance de Dieu et de sa souveraineté absolue sur la vie et sur la mort. De par sa filiation divine, Jésus a pu dire : « Je suis la résurrection et la vie » (Jean 11.25).

De qui la résurrection du Christ est-elle l'œuvre ?

Le Nouveau Testament nous apprend que la résurrection du Christ est l'œuvre de Dieu (Actes 2.24, Romains 8.11, 1 Corinthiens 6.14, 2 Corinthiens 4.14, Galates 1.1, Ephésiens 1.20, 1 Pierre 1.21, pour ne citer que ces passages). « Le Père est à l'origine de l'action ressuscitante, l'Esprit en est l'agent [reconnaît l'exégète catholique François-Xavier Durrwell]. Ici et ailleurs, l'Esprit se manifeste comme la puissance ouvrière de Dieu dans son œuvre à la fois de création et de salut. [...] "Dieu l'a ressuscité", tel est le cri pascal de l'Eglise, cri

---

1. Bernard Sesboüé, *Le sens de la résurrection de Jésus*, Site Croire.com du groupe Bayard, [En ligne] http://www.croire.com/, (consulté en novembre 2013).
2. Emil Brunner, *La doctrine chrétienne de l'Eglise, de la foi et de l'achèvement*, Dogmatique – Tome III, Genève : Labor et Fides, 1967, p. 332.

de son étonnement[1]. » Ainsi, pour les chrétiens, Dieu est celui qui a ressuscité Jésus d'entre les morts.

Pourtant, certains théologiens – s'appuyant sur deux textes bibliques (Jean 2.19 et 10.17-18) – pensent que Jésus se serait ressuscité lui-même. Sur ce point, laissons le professeur de théologie Georges Stéveny nous donner son avis : « L'enseignement de Jésus témoigne d'une relation unique avec Dieu, sans jamais compromettre l'intégrité de sa nature humaine. Son incarnation engendre une authentique dépendance. […] Quand Jésus affirme son droit de reprendre sa vie [Jean 10.17-18], il ne vise pas le pouvoir de se ressusciter une fois mort, mais la raison que sa conduite offre à Dieu d'intervenir pour le relever d'entre les morts. Sa résurrection prend dès lors toute sa valeur, sans nous contraindre à recourir à des raisonnements fumeux qui mettraient en question l'intégrité de son humanité[2]. »

La résurrection du Christ, noyau de la foi chrétienne

Dans le Nouveau Testament, la résurrection du Christ est considérée comme un fondement de la foi chrétienne : « Je vous ai transmis avant tout le message que j'avais moi aussi reçu : Christ est mort pour nos péchés,

---

1. François-Xavier Durrwell, *La résurrection de Jésus, mystère de salut*, 11ᵉ éd., Paris : Cerf, 1982, p. 70, 89.
2. Georges Stéveny, *A la découverte du Christ*, Dammarie-lès-Lys : Vie et Santé, 1991, p. 106, 121.

conformément aux Ecritures ; il a été enseveli et il est ressuscité le troisième jour [...]. Ensuite, il est apparu à Céphas, puis au douze. Après cela, il est apparu à plus de cinq cents frères à la fois, dont la plupart sont encore vivants et dont quelques-uns sont morts. Ensuite, il est apparu à Jacques, puis à tous les apôtres. Après eux tous, il m'est apparu à moi aussi » (1 Corinthiens 15.3-8). Ainsi, dans ce kérygme (énoncé premier de la foi) que Paul dit avoir reçu, on remarque que la résurrection est le point essentiel sur lequel l'apôtre insiste.

Afin de réfuter les nombreuses doctrines hétérodoxes menaçant le christianisme des premiers siècles, le kérygme est complété lors du concile de Nicée en 325 pour devenir finalement – après avoir subi quelques retouches à l'issue du premier concile de Constantinople en 381 – un exposé de foi reçu par tous. Trop souvent, on omet de le souligner, le Symbole de Nicée-Constantinople – première profession de foi considérée comme œcuménique – rassemble toujours l'ensemble des croyants des trois grandes confessions chrétiennes (catholicisme, orthodoxie et protestantisme). Tel un noyau de vérité, il ramène à l'essentiel de la foi chrétienne… et notamment à son élément central, la résurrection !

En dépit de ce credo commun à tous les chrétiens, force est de constater que dans l'histoire de la théologie chrétienne, la résurrection du Christ n'a pas toujours tenu une place primordiale. « Pendant des siècles [observe Michel Deneken, ancien doyen de la Faculté de théologie catholique de Strasbourg], la prédication chrétienne s'est prioritairement intéressée à la mort de Jésus, présentée comme la source du salut pour les hommes. Ce faisant, le christianisme a hypertrophié cette mort jusqu'à reléguer la Résurrection au second plan. Le crucifix a éclipsé le Ressuscité. […] En revenant à l'Ecriture et en relisant les Pères de l'Eglise, la théologie contemporaine remet en évidence que le mystère du salut se fonde sur la Passion et la Résurrection comme sur deux événements indissociablement liés. Sans la résurrection, la mort du crucifié n'aurait pas ouvert l'espérance chrétienne[1]. » Roland Meyer, docteur ès sciences religieuses, fait le même constat : « A force de contempler la croix, le chrétien a fait du christianisme une religion morte. […] C'est la résurrection de Jésus qui donne tout le sens à sa mort[2]. »

Eminent spécialiste en la matière et ancien professeur de l'Université catholique de Lyon, Christian Duquoc relève à ce propos qu' « au XVIe siècle, un Luther annoncera la croix et la résurrection de Jésus comme l'événement premier du salut » et qu' « on doit au XXe siècle d'avoir rendu à la résurrection de Jésus sa place centrale dans l'exposé ordonné du mystère chrétien[3] ».

---

1. Michel Deneken, Interview CCC par Jean-Marie Kohler, 1999, Site Recherche plurielle, [En ligne] http://www.recherche-plurielle.net/, (consulté en novembre 2013).
2. Roland Meyer, *Le retour à la vie*, Dammarie-lès-Lys : Vie et Santé, 1997, p. 100-101.
3. Christian Duquoc, « Résurrection du Christ », *Dictionnaire critique de théologie*, Paris : Quadrige / PUF, 2007, p. 1212.

Dans cette prise de conscience récente de la vraie signification de la résurrection du Christ, il faut reconnaître que l'ouvrage – *La résurrection de Jésus, mystère de salut*, 1950 – de François-Xavier Durrwell (déjà cité) a joué un rôle non négligeable. Voici à ce sujet, une observation de cet auteur bien connu, empruntée à son livre… de nombreuses fois réédité et traduit : « Il fut un temps pas tellement éloigné de nous où la théologie dissertait de la rédemption du Christ Jésus sans faire mention de sa résurrection. […] Bref, la résurrection du Christ était tronquée de sa signification profonde que préconisent les premiers messagers chrétiens et reléguée à la périphérie de l'économie de notre restauration. Carence regrettable dont la théologie de la rédemption devait sortir appauvrie. […] Tandis que, à longueur d'années, nous poursuivions nos méditations et recherches, le thème de la résurrection de Jésus s'est vu soudain placé au centre des préoccupations théologiques. Le retour légitime aux sources de la pensée chrétienne hâta la redécouverte de ce mystère[1]. »

Le pasteur Emile Eldin a raison d'affirmer que « la résurrection de Christ est la pierre angulaire de tout l'édifice chrétien[2] ». La résurrection de Jésus est vraiment le plus grand miracle du christianisme. Puisqu'elle implique la nôtre comme nous allons le voir dans la

---

1. François-Xavier Durrwell, *La résurrection de Jésus, mystère de salut*, 2ᵉ éd., Le Puy - Paris : Xavier Mappus, 1954, p. 9-10.
2. Emile Eldin, *Jésus et le prophète Esaïe, au point de vue messianique*, thèse, Paris, 1891, p. 73, cité par Alfred Vaucher, *op. cit.*, p. 223.

section suivante, elle est donc (devrait être) le fondement essentiel de l'espérance chrétienne.

La résurrection du Christ, gage de notre résurrection future

La résurrection du Christ préfigure notre résurrection future : « Puisque nous croyons que Jésus est mort et ressuscité, nous pouvons croire aussi que Dieu ramènera à la vie, par Jésus, ceux qui se sont déjà endormis dans la communion avec Jésus, pour être unis à lui » (1 Thessaloniciens 4.14, *Parole vivante* par Alfred Kuen) ; « Il est bien certain que le Christ est ressuscité des morts, il est réellement revenu à la vie. Il s'est relevé le premier d'entre les morts, précurseur de ceux qui se réveilleront un jour de leur dernier sommeil » (1 Corinthiens 15.20, *Parole vivante* par Alfred Kuen).

En d'autres termes, cette notion fondamentale « implique que le fait de la résurrection du Christ n'est pas quelque chose de refermé sur soi-même, mais s'étendra un jour à tous ceux qui appartiennent au Christ. Puisque notre future résurrection est l'extension aux hommes de la résurrection même du Christ, on comprend que la résurrection du Seigneur est le modèle de notre résurrection[1] ».

---

1. Commission théologique internationale, *Quelques questions actuelles concernant l'eschatologie*, document publié en 1992 avec l'autorisation du cardinal Joseph Ratzinger, président de la Commission, Site du Vatican, [En ligne] http://www.vatican.va/, (consulté en novembre 2013).

Ce lien capital entre la résurrection du Christ et l'espérance de la résurrection des morts est généralement déjà nettement perçu par les premiers chrétiens… sauf par certains croyants de l'église de Corinthe (influencés par l'anthropologie dualiste des philosophes grecs) qui ne croient pas en la résurrection physique.

C'est pour cela que dans sa première lettre aux Corinthiens, Paul rappelle vertement à ceux-ci que la négation de la résurrection des morts entraîne forcément la négation de celle du Christ : « Si l'on prêche que Christ est ressuscité d'entre les morts, comment quelques-uns parmi vous peuvent-ils dire qu'il n'y a pas de résurrection des morts ? S'il n'y a pas de résurrection des morts, Christ non plus n'est pas ressuscité. Et si Christ n'est pas ressuscité, alors notre prédication est vide, et votre foi aussi. […] Si c'est pour cette vie seulement que nous espérons en Christ, nous sommes les plus à plaindre de tous les hommes » (1 Corinthiens 15.12-19).

La résurrection des morts

Jésus-Christ lui-même enseigne explicitement la doctrine de la résurrection des morts : « En vérité, en vérité, je vous le dis, l'heure vient – et maintenant elle est là – où les morts entendront la voix du Fils de Dieu et ceux qui l'auront entendue vivront » (Jean 5.25, TOB) ; « Que tout ceci ne vous étonne plus ! L'heure vient où tous ceux qui gisent dans les tombeaux entendront sa voix, et ceux qui auront fait le bien en sortiront pour la résurrection qui mène à la vie ; ceux qui auront pratiqué le mal, pour la résurrection qui mène au jugement »

(Jean 5.28-29, TOB) ; « Celui qui croit en moi, même s'il meurt, vivra » (Jean 11.25, TOB).

De même dans la réponse de Jésus – rapportée par Matthieu, Marc et Luc – à la question des sadducéens sur la résurrection, à laquelle ils ne croient pas, on notera comment celui-ci rétablit la vérité en apportant magistralement les preuves de la résurrection des morts... tout en mettant l'accent sur la puissance de Dieu (Matthieu 22.23-33 ; Marc 12.18-27 ; Luc 20.27-40).

De leur côté, les apôtres argumentent dans le même sens. Ainsi, le chapitre 15 de la première lettre de Paul envoyée aux Corinthiens – que nous venons de citer plus haut – est dominé par le thème de la résurrection des morts. Notion également clairement nommée par ailleurs dans le Nouveau Testament, contentons-nous ici d'en indiquer les références bibliques : 1 Thessaloniciens 4.13-16 ; Philippiens 3.20 ; Actes 23.6, 24.15.

« La réponse chrétienne à la perplexité de l'homme contemporain, comme à l'homme de tous les temps, a pour fondement le Christ ressuscité, et elle est contenue dans l'espérance de la glorieuse résurrection future de tous ceux qui appartiennent au Christ. Ce sera une résurrection à l'image de celle du Christ lui-même[1]. » « Réjouissez-vous dans l'espérance » (Romains 12,12), dit aussi Paul aux chrétiens.

Comme la résurrection du Christ, la résurrection des morts est – depuis deux millénaires – un article de foi fondamental de la confession chrétienne. Chaque jour de

---
1. *Ibid.*

par le monde, à chaque liturgie, des milliers de fidèles affirment invariablement leur croyance en la résurrection des morts en récitant le Credo (de Nicée-Constantinople) qui « culmine en la proclamation de la résurrection des morts à la fin des temps, et en la vie éternelle[1] ».

A la résurrection des morts, l'espérance deviendra réalité. Cet événement extraordinaire marquera – pour les fidèles de tous les temps – le début d'une nouvelle vie (éternelle) en présence de Dieu.

Quand les morts ressusciteront-ils ?

Le texte de l'Ecriture associe la résurrection des morts au retour de Jésus, une attente qui commandait la vie des premiers chrétiens. Malheureusement, cette croyance est devenue une doctrine ésotérique ne concernant qu'une minorité de chrétiens qui, elle-même, semble s'être lassée d'en parler !

C'est vrai, aujourd'hui, curieusement, il n'est pas toujours de bon ton de parler du retour du Christ... même du haut de la chaire ! Pourtant, hormis la large place que la Bible lui réserve, cette doctrine cardinale fait partie intégrante des professions de foi de la chrétienté. « Il reviendra dans la gloire, pour juger les vivants et les morts » peut-on encore lire dans le Symbole de Nicée-Constantinople.

La parousie implique donc aussi la résurrection des morts afin que tous ceux qui ont accepté Jésus

---

1. *Catéchisme de l'Eglise catholique, op. cit.*, p. 212.

durant leur vie terrestre puissent finalement bénéficier de la vie éternelle promise. Quant à ceux qui se sont rebellés contre lui, on sait que le Christ lui-même a déclaré qu'ils ressusciteront aussi, mais pour recevoir le jugement de Dieu (Jean 5.28-29, déjà cité dans la section précédente).

Paul met bien en relief ce lien entre la résurrection des morts et la parousie du Christ : « Le Seigneur lui-même, à un signal donné, à la voix d'un archange et au son de la trompette de Dieu, descendra du ciel, et les morts en Christ ressusciteront d'abord » (1 Thessaloniciens 4.16).

Comment les morts ressusciteront-ils ?

Pour tenter de trouver une réponse à cette question, il nous faut revenir au chapitre 15 de la première lettre de Paul aux Corinthiens… d'où il ressort notamment l'idée d'une résurrection corporelle. De même, dans les dernières recommandations de sa première lettre aux Thessaloniciens, l'apôtre montre qu'il est fermement convaincu de cette résurrection corporelle : « Que tout votre être, l'esprit, l'âme et le corps, soit conservé dans son intégrité et dans la pureté afin que vous paraissiez nets et irréprochables lorsque notre Seigneur Jésus-Christ reviendra » (1 Thessaloniciens 5.23, *Parole vivante* par Alfred Kuen).

Ce qui n'est pas sans stimuler notre espérance, Paul n'oublie pas de préciser également que le corps ressuscité revêtira « l'incorruptibilité » et « l'immortalité » (1 Corinthiens 15.53). « Ce n'est pas l'ancien corps terrestre, faible, mortel, corruptible, qui ressuscitera, mais un corps nouveau, glorieux, immortel, incorruptible, différent de celui qui est descendu au tombeau[1] » écrit Michel Gourgues, déjà cité au début de ce chapitre.

Roland Meyer exprime la même conviction : « Le corps de la résurrection sera bien un corps, mais pas n'importe lequel. Un corps qui aura reçu des dimensions qui lui auront échappé jusque-là. La résurrection est bien exprimée par Paul en termes de résurrection somatique. Ce corps est qualifié de spirituel (1 Corinthiens 15.44). […] La notion de corps spirituel n'est nullement liée à celle de corps astral ou éthéré. Un corps spirituel, selon la conception paulinienne, est un être qui n'est plus victime de la maladie, du mal, de la souffrance et de la mort. C'est un corps revitalisé […] destiné à vivre ce nouvel état d'immortalité accordé à l'homme ressuscité, par Dieu lui-même[2]. »

Le théologien luthérien Wilbert Kreiss pense de même : « A l'inverse de ce que prétendent la plupart des théologiens actuels, la Bible enseigne avec toute la clarté voulue que la résurrection finale sera une résurrection corporelle. […] C'est avec son corps matériel, mais glorifié, qu'il [Jésus-Christ] est monté au ciel. C'est avec des corps semblables au sien que les croyants ressusciteront et fêteront leur ascension. "Il est semé corps animal, il ressuscite corps spirituel" (1 Corinthiens 15.44). "Spirituel" ne veut pas dire immatériel, mais

---

1. Michel Gourgues, *op. cit.*, p. 57.
2. Roland Meyer, *op. cit.*, p. 109.

glorifié, soustrait au mode d'existence actuel, un corps qui, comme celui du Christ ressuscité, n'est plus assujetti aux lois de la nature[1]. »

Les membres de la Commission théologique internationale constatent effectivement que certains théologiens contemporains ont du mal à saisir le réalisme de la résurrection… qu'ils soumettent à la critique ! Pourtant, fait remarquer la même CTI, « dès l'époque patristique, la profession de la résurrection est formulée d'une manière complètement réaliste. […] Cette confession garde présent le modèle qui nous a été offert dans le Christ. […] Jésus ressuscité a non seulement invité les disciples à le toucher […], mais il leur a montré ses mains et ses pieds pour qu'ils vérifient que "c'est bien moi" (Luc 24.39). Cependant, il n'a pas repris dans sa résurrection son état de vie terrestre et mortel. Ainsi, tout en maintenant le réalisme en ce qui concerne la résurrection future, n'oublions surtout pas que notre vraie chair, dans la résurrection, sera conforme au corps glorieux du Christ (cf. Philippiens 3.21)[2] ». Et la CTI de poursuivre en conseillant d' « éviter les exagérations, tant à cause d'une description excessivement physique que par une spiritualisation des évènements[3] ».

A vouloir trop spiritualiser la résurrection, ne risque-t-on pas d'en restreindre considérablement la portée

---

1. Wilbert Kreiss, « La doctrine des choses dernières », *Petite dogmatique luthérienne*, [En ligne] http://www.egliselutherienne.org/, (consulté en novembre 2013).
2. Commission théologique internationale, *op. cit.*
3. *Ibid.*

historique et en conséquence de déprécier l'espérance chrétienne ? Pourquoi la vie future ne concernerait ainsi qu'une partie seulement de notre être (conception qui, comme nous venons de le voir, s'écarte de l'enseignement du Nouveau Testament)… en d'autres termes, pourquoi s'accommoder d'une espérance au rabais ?

Cela dit, un curieux paradoxe subsiste dans la prédication des Eglises traditionnelles : alors qu'ils sont censés adhérer à tous les articles fondamentaux de la foi chrétienne exprimés dans le Credo – particulièrement explicite au sujet de la résurrection des morts, comme nous l'avons vu –, on constate que la plupart des prédicateurs chrétiens osent rarement parler à leur auditoire de la résurrection des morts ! S'inscrivant plutôt dans la perspective d'une eschatologie déjà réalisée (cf. Ephésiens 2.4-7, Romains 6.1-11, Colossiens 2.12), tout juste, exhortent-ils leurs fidèles – au moment de Pâques – à devenir participants de la résurrection du Christ et à ouvrir leur cœur à l'espérance !

Pour ce qui est des passages bibliques mentionnés précédemment pouvant laisser croire à une évolution de la pensée de Paul concernant la résurrection, notons en passant avec Michel Gourgues (auquel nous sommes largement redevables) que l'apôtre « a seulement été amené à préciser […] un aspect particulier, à savoir le sort qui attend les croyants entre leur mort individuelle et la résurrection, que Paul n'a jamais cessé de situer à la fin des temps. Là où il faut reconnaître une évolution, c'est sur le moment de la parousie et donc de la résurrection. Non que Paul ait cessé d'attendre la venue du Seigneur. Mais il a dû envisager la possibilité qu'elle pourrait survenir plus tard qu'il ne l'avait d'abord pensé. Ce changement de perspective l'a conduit à valoriser "l'aujourd'hui", à souligner davantage l'aspect "déjà réalisé" du salut et de l'union au Christ[1] ».

La plupart de nos contemporains ne croient pas à la résurrection des morts !

On peut se demander pourquoi si peu de personnes croient aujourd'hui à la résurrection des morts ? En effet, selon un sondage TNS Sofres/Logica publié par l'hebdomadaire *Pèlerin*, seulement 10 % des Français (13 % chez les catholiques) croient à celle-ci[2] !

Une autre conception en matière de « retour à la vie » triompherait-elle au sein du christianisme contemporain ? A ce propos (toujours selon le même sondage), 7 % des catholiques déclarent croire en la réincarnation[3] ! Comme les adeptes des religions orientales ou des philosophies empreintes d'orientalisme, de très nombreux chrétiens croient donc à la réincarnation !

Pourquoi cette croyance est-elle acceptée aussi facilement ? En fait, cette manière de penser si largement répandue aujourd'hui dans le monde fait suite à une autre

---

1. Michel Gourgues, *op. cit.*, p. 60.
2. Sondage TNS Sofres/Logica publié le 9 avril 2009 par l'hebdomadaire *Pèlerin* et repris par le journal *La Croix* à la même date dans un article de Nicolas Senèze intitulé « Seul un Français sur dix croit en la résurrection ».
3. *Ibid.*

croyance, essentielle et quasi générale qui remonte à des millénaires : la croyance en l'immortalité de l'âme. Sans l'adhésion à cette idée, il est impossible de croire en la réincarnation.

Or, on sait que cette notion d'immortalité de l'âme fait partie de l'enseignement officiel de l'Eglise catholique dont le catéchisme déclare : « Chaque âme spirituelle est immédiatement créée par Dieu – elle n'est pas "produite" par les parents – ; elle [l'Eglise] nous apprend aussi qu'elle est immortelle : elle ne périt pas lors de la séparation du corps dans la mort, et s'unira de nouveau au corps lors de la résurrection finale[1]. »

Bref, si pour beaucoup de chrétiens, les conceptions sur l'au-delà ressemblent étrangement à celles des tenants de la réincarnation, c'est essentiellement parce qu'elles reposent sur une base commune quant à la nature de l'homme : une vision dualiste qui dépeint l'homme comme un être composite formé d'un corps matériel, mortel et d'une âme immatérielle, immortelle.

Sans qu'il soit possible d'étudier ici toutes les raisons conduisant les chrétiens à accepter aussi facilement la réincarnation, on peut dire que la croyance en l'immortalité de l'âme y contribue avant tout ! Soulignons seulement que la réincarnation se présente comme une négation de la rédemption et de la résurrection. Aussi, l'Eglise catholique a toujours condamné explicitement cette conception païenne en totale contradiction avec le message évangélique.

---
1. *Catéchisme de l'Eglise catholique*, *op. cit.*, p. 84.

Résurrection des morts ou immortalité de l'âme ?

Depuis le début de l'histoire humaine, la mort a sans cesse effrayé les hommes qui ont constamment essayé de comprendre ce qui se passe au-delà de cette échéance ultime. Face au néant insupportable, ceux-ci ont toujours tenté de nier la mort en se rattachant à l'idée apaisante d'une survie immédiate. Pour la majorité des hommes de chaque civilisation, l'antique notion d'immortalité de l'âme semble donc avoir été une réponse rassurante – mais imparfaite – à l'angoisse de l'au-delà.

Selon cette conception, l'âme survit tel un « double du vivant ». Ainsi, la mort n'est pas vraiment la mort puisque « la vie » se poursuit sous une autre forme ! Plus ou moins différente selon les peuples, la représentation de la vie de l'âme après la mort du corps a toujours été empreinte de mystère. Et cet aspect a généralement induit la crainte (peur de l'enfer, pensée que l'âme pourrait interagir avec les vivants) dans le cœur des hommes, un sentiment qui aujourd'hui encore dans nos sociétés occidentales, influence considérablement le culte rendu à « l'âme de nos morts » !

Si, jusqu'au milieu du IIe siècle, les premiers chrétiens fidèles à la Bible – qui appréhendent l'homme dans son unité – ne se laissent pas séduire par la théorie de l'immortalité de l'âme, ce n'est plus le cas par la suite. Au fil des années, de façon remarquable, cette idée chère au « grand Platon » s'impose de plus en plus à l'esprit des philosophes et des Pères de l'Eglise qui l'adoptent et tentent de l'affiner avant de l'intégrer au christianisme !

Du IIe siècle à nos jours, la théorie de l'immortalité de l'âme domine donc irrésistiblement... bien que celle-ci ne trouve aucun appui dans l'Ecriture ! Dans la pensée chrétienne traditionnelle, cette manière de concevoir l'état de l'âme entre la mort et la résurrection permet en fait de sauver la continuité de l'identité de l'homme, « une véritable continuité entre l'homme qui a vécu sur terre et l'homme qui ressuscitera. Sans cette continuité d'un élément humain subsistant, l'homme qui a vécu sur terre et celui qui ressuscitera ne seraient pas le même "moi". […] Cette âme, même séparée, accomplit des actes personnels d'intelligence et de volonté. De plus, la subsistance de l'âme séparée est claire dans la pratique de l'Eglise, qui adresse des prières aux âmes des bienheureux[1] ».

Ainsi, depuis l'Eglise ancienne – surtout à la suite de Saint Augustin – les Eglises traditionnelles affirment que la perspective de l'immortalité de l'âme n'est pas incompatible avec la résurrection des morts, avec un bémol cependant pour les réformateurs qui privilégient la résurrection.

Ce n'est seulement qu'à partir de la deuxième moitié du XIXe siècle que l'on commence à revenir à des conceptions de l'au-delà éloignées de la philosophie grecque et plus en phase avec l'espérance biblique de la résurrection. Peu à peu, une autre théorie eschatologique se propage sous l'influence de quelques théologiens

---

1. Commission théologique internationale, *op. cit.*

évangéliques – suivis par plusieurs théologiens catholiques[1] – qui pensent que l'homme meurt tout entier, corps et âme, la résurrection à la fin des temps étant conçue comme une nouvelle création à partir du néant.

Pour André Dartigues, doyen émérite de la Faculté de philosophie de l'Institut catholique de Toulouse, ce sont « le renouveau des études bibliques et les questions posées par un nouveau contexte scientifique et culturel » qui ont conduit la théologie contemporaine à opter pour la résurrection des morts plutôt que pour l'immortalité de l'âme. Tout en appuyant les observations précédentes, cet auteur écrit notamment : « En réaction contre une eschatologie qui estompait la foi en la résurrection au profit d'une argumentation philosophique en faveur de l'immortalité, de nombreux théologiens réformés, sous le signe d'un retour à Luther, récusent qu'on puisse trouver dans l'homme un quelconque résidu spirituel ou corporel qui assurerait la transition entre vie terrestre et vie ressuscitée. La mort apparaît alors comme anéantissement total et la résurrection comme nouvelle création *ex nihilo*. [...] Les théologiens catholiques s'accordent pour mettre eux aussi l'accent sur un retour nécessaire à une thématique biblique qui, sous le chiffre de la résurrection, donne la primauté à l'action divine[2]. »

---

1. Notons qu'après avoir examiné cette nouvelle tendance, « le Saint-Siège, par une lettre adressée à tous les évêques, la jugea non conforme au légitime pluralisme théologique » (*Ibid.*).
2. André Dartigues, « Résurrection des morts », *Dictionnaire critique de théologie*, Paris : Quadrige / PUF, 2007, p. 1208.

Mais « l'espace vide » entre la mort et la parousie se révélant embarrassant pour certains chrétiens dans la mesure où la continuité existentielle entre l'homme qui disparaît totalement à la mort et celui qui ressuscitera ne serait plus assurée, on élabore alors une nouvelle théorie[1] qui affirme la résurrection… aussitôt après la mort ! Un schéma eschatologique ne s'accordant pas, en revanche, avec le Nouveau Testament qui spécifie que la résurrection est en lien avec le retour du Christ et aucunement avec la mort de l'homme.

A présent, comme en témoigne *L'Encyclopédie catholique pour tous*, l'Eglise, à propos de la notion d'âme, semble avoir du mal à répondre aux critiques de la pensée moderne : « Il est évident que l'histoire de la conception de l'âme explique les difficultés que rencontre aujourd'hui l'Eglise pour en parler[2]. »

Vers une remise en question de la conception traditionnelle du statut des âmes entre la mort et la résurrection ?

On ne peut aborder la question de l'immortalité de l'âme à la lumière de l'Ecriture sans prendre le risque d'entrer dans le champ de la controverse. Mais, faisant preuve d'une indépendance de pensée courageuse, de nombreux auteurs l'ont fait. Citons-en seulement quelques-uns parmi les plus significatifs.

---

1. Commission théologique internationale, *op. cit.*
2. *Théo, l'Encyclopédie catholique pour tous*, Paris : Droguet-Ardant / Fayard, 1992, p. 720.

Tout d'abord, voici ce qu'écrit à ce propos l'ancien professeur d'Université Oscar Cullmann (il a enseigné à Paris et à Bâle) : « Posez à un chrétien, protestant ou catholique, intellectuel ou non, la question suivante : qu'enseigne le Nouveau Testament sur le sort individuel de l'homme après la mort, à très peu d'exceptions près vous aurez toujours la même réponse : l'immortalité de l'âme. Et pourtant cette opinion, quelque répandue qu'elle soit, est un des plus graves malentendus concernant le christianisme. [...] La réponse à la question que nous avons posée – immortalité de l'âme ou résurrection des morts dans le Nouveau Testament – sera claire : la doctrine du grand Socrate, du grand Platon est incompatible avec l'enseignement du Nouveau Testament[1]. »

Le pasteur Roger Mehl – qui a été professeur à la Faculté de théologie protestante de l'Université de Strasbourg – est peut-être le plus catégorique : « L'âme [écrit-il] n'est pas un îlot de divinité qui se trouverait enfermé dans un corps mortel. L'âme participe au sort de la personne tout entière. [...] C'est donc la mortalité de l'âme que le christianisme enseigne. La rupture avec la philosophie est ici éclatante[2]. »

Cédons maintenant la parole au théologien Philippe-Henri Menoud : « L'idée de l'immortalité de l'âme

---

1. Oscar Cullmann, *Immortalité de l'âme ou résurrection des morts ? - Le témoignage du Nouveau Testament*, Neuchâtel - Paris : Delachaux & Niestlé, 1956.
2. Roger Mehl, *Notre Vie et notre Mort*, Paris : Société centrale d'évangélisation, 1953, p. 56.

et la foi en la résurrection des morts ne sont pas deux affirmations plus ou moins équivalentes [...] Ce sont, au contraire, deux conceptions situées sur deux plans totalement différents et entre lesquelles il faut choisir. L'espérance chrétienne n'a pas son point d'appui dans la croyance en l'immortalité de l'âme humaine. Le Nouveau Testament ne fait pas la moindre allusion à cette théorie. [Ce dernier] n'enseigne pas, à la manière de la philosophie grecque, l'immortalité naturelle de l'âme humaine, comme s'il suffisait d'être délivré du corps pour vivre éternellement[1]. »

Citons également l'éminent théologien dominicain Louis Dingemans qui n'hésite pas à dire que la remise en question de l'immortalité naturelle de l'âme « est aussi dérangeante que le fut en son temps la découverte que la terre tournait autour du soleil. [...] L'affirmation que l'âme humaine peut être séparée du corps et est naturellement immortelle, n'est pas d'origine chrétienne, mais a été introduite dans la catéchèse et la théologie postérieure au message originel des Evangiles sous l'influence des penseurs grecs, particulièrement les platoniciens. Cette donnée anthropologique dualiste, étrangère à la tradition hébraïque et à la pensée de Jésus, a cependant été en quelque sorte "dogmatisée" en 1513 au concile Latran V[2] ».

---

1. Philippe-Henri Menoud, *Le sort des trépassés d'après le Nouveau Testament*, Neuchâtel - Paris : Delachaux & Niestlé, 1945.

2. Louis Dingemans, *Jésus face au divorce*, Namur - Paris : Racine / Fidélité, 2004, p. 169-170.

En fait, « tous les théologiens sont d'accord (pour une fois), [observe Richard Lehmann, docteur ès sciences religieuses] pour reconnaître que la croyance selon laquelle l'homme serait formé d'un corps mortel et d'une âme immortelle n'est pas biblique, mais qu'elle relève de la philosophie platonicienne qui s'est infiltrée dans la pensée chrétienne dès les premiers siècles et que Saint Augustin a systématisée. [...] Si l'âme est immortelle et se réincarne ou s'envole au paradis ou en enfer, la foi en la résurrection des morts n'a aucun sens, celle de Jésus non plus, et l'espérance chrétienne n'est qu'une utopie. Le jugement dernier ne serait qu'une parodie dans la mesure où, dès la mort, le destin de l'âme est fixé[1] ».

A ce propos, on peut se réjouir du fait que cette notion de « résurrection sans âme immortelle » si longuement controversée soit maintenant bien mieux perçue par les chrétiens avertis... qui, de plus en plus, fondent leurs recherches sur l'exégèse et l'histoire. On constate en effet depuis environ 2006 – particulièrement dans les milieux protestants – un nouvel intérêt pour ces conceptions alternatives concernant l'au-delà. Rappelons-nous en revanche les volées de bois vert que suscitait généralement cette remise en question dans les années 50-60 !

---

1. Richard Lehmann, « La nature de l'homme et la résurrection », *Spes Christiana*, Vol. 21, Theologische Hochschule Friedensau, 2010, p. 68-70.

En résumé

La résurrection du Christ – garantie absolue de la résurrection des hommes – se présente d'emblée comme le pivot de la foi chrétienne : « Jésus est ressuscité » (Matthieu 28.6) ! Si le Christ n'est pas ressuscité, la prédication chrétienne est vaine et l'espérance de la résurrection des morts... illusoire (cf. 1 Corinthiens 15.14) !

La résurrection de Jésus – qui implique donc la résurrection des hommes et leur nouvelle vie – est incontestablement l'évènement historique sur lequel se fonde l'espérance des croyants... dont le contenu est celui du dernier article du Symbole de Nicée-Constantinople. En proclamant ainsi l'attente de la résurrection des morts et de la vie éternelle, cette confession de foi exprime clairement le sens de l'espérance de l'Eglise primitive.

Pour sa part, Pierre rappelle à ses lecteurs que Dieu leur a donné une espérance vivante grâce à la résurrection de Jésus-Christ. C'est sur elle que les croyants construisent leur nouvelle existence dans l'au-delà (objet du prochain chapitre) : « Loué soit Dieu, le Père de Notre Seigneur Jésus-Christ. Dans son amour sans limites, il a eu compassion de nous et nous a fait naître de nouveau, en nous associant à la résurrection de Jésus-Christ d'entre les morts, pour nous donner une espérance vivante » (1 Pierre 1.3, *Parole vivante* par Alfred Kuen). C'est seulement en prenant au sérieux la résurrection et en la plaçant au cœur de leur foi que les chrétiens retrouveront la vigueur de leur espérance.

Sur ce sujet de la résurrection, nous laisserons le mot de la fin au théologien et pasteur anglican Gerald Bray : « Il est vital pour les chrétiens, aujourd'hui, de sauver la résurrection de l'oubli théologique dont elle souffre et de lui rendre sa place centrale dans leur vie et leur témoignage. Trop souvent, nous nous arrêtons aux éléments extérieurs de l'événement et nous négligeons sa signification profonde. Que Dieu nous accorde la sagesse de redonner à cet aspect de la vérité sa juste place, afin que, avec l'Eglise universelle, nous puissions retrouver la joie et l'émerveillement qu'ont connus les disciples lors du premier dimanche de Pâques[1]. »

---

1. Gerald Bray, « La crucifixion et la résurrection », *La Revue réformée*, mars 1998, n° 198.

5
La vie future

« Un jour, tout sera bien, voilà notre espérance ;
tout est bien aujourd'hui, voilà l'illusion[1]. »

Voltaire

« Qu'y a-t-il de plus incompréhensible
que l'Eternité, et qu'y a-t-il en même
temps de plus certain[2] ? »

Pierre Nicole

Comme nous l'avons souligné dans l'introduction de cet ouvrage, la racine de l'espérance est la foi, qui elle-même se nourrit de la connaissance et de l'étude de l'Ecriture. Or, cette grande espérance des croyants est singulièrement la vie éternelle ! C'est ce que l'apôtre Paul rappelle à Tite : « J'ai été chargé d'amener les élus de Dieu à la foi et à la connaissance de la vérité qui est conforme à la piété, afin qu'ils aient l'espérance de la vie éternelle » (Tite 1.1-2).

Bien que le sens profond du mot éternité lui échappe sans doute, l'homme doit cependant reconnaître qu'il existe en lui une soif d'immortalité. Une vision d'éternité qui nourrit l'espérance des chrétiens depuis

---

1. Voltaire, *Œuvres complètes de Voltaire*, Tome 12, Basle : Imprimerie Jean-Jacques Tourneisen, 1785, p. 124.
2. Pierre Nicole, Extrait de *La logique ou l'art de penser*, Site Evene.fr, [En ligne] http://www.evene.fr/, (consulté en novembre 2013).

deux millénaires ! Pour autant – selon notre culture chrétienne –, que savons-nous de la vie éternelle ? Comment l'homme peut-il y accéder ? Essayons de répondre à ces deux interrogations essentielles que tout être humain se pose un jour ou l'autre.

Une perspective réconfortante

Rien que par son caractère illimité (par rapport à notre courte vie terrestre), l'éternité a de quoi nous intriguer. Un sage anonyme l'a comparée symboliquement à un énorme diamant de la taille du poing sur lequel, chaque matin, une colombe viendrait donner un coup de bec. Une fois que cette pierre précieuse, progressivement usée par les assauts répétés a complètement disparu – rappelons que le diamant est le plus dur des minéraux naturels –, il se serait écoulé « une seconde de l'éternité » !

Et si nous considérons maintenant le fait qu'à celle-ci, les différentes religions ont en général associé (avec quelques nuances) la notion de bonheur, alors vraiment il n'est pas anormal d'en rêver sérieusement un jour ou l'autre ici-bas... à moins d'y avoir déjà trouvé le paradis !

Mais dans notre compréhension de l'éternité, encore faut-il discerner ce qui n'est que fable, fantaisie ou débat philosophique hypothétique ! Les avis à ce sujet sont divers et contradictoires. Par contre un point est sûr, pour tous les descendants d'Abraham (Juifs, Chrétiens et Musulmans), l'éternité est le premier attribut de Dieu, d'où son nom « l'Eternel ».

Avec la résurrection – que nous venons de présenter au chapitre précédent –, la vie éternelle fait partie intégrante de l'espérance chrétienne. Aussi, comme la résurrection des morts, cette croyance fondamentale s'exprime clairement dans les professions de foi de la chrétienté. « Nous attendons la résurrection des morts et la vie du monde à venir » peut-on lire dans les dernières lignes du Symbole de Nicée-Constantinople.

A ce propos, le théologien dominicain Claude Geffré fait remarquer que « le Nouveau Testament use [...] d'images multiples pour illustrer l'espérance d'une éternité bienheureuse. L'image même du ciel est la première et désigne comme dans l'Ancien Testament "la demeure de Dieu". [...] Dans de nombreux passages du Nouveau Testament, cependant, la vie éternelle n'est pas seulement l'objet d'une espérance pour l'au-delà, mais se trouve déjà anticipée pour tous ceux qui ont part au règne de Dieu. Dans les évangiles en particulier, vie éternelle et règne de Dieu sont des termes presque interchangeables. [...] Par la foi, le croyant participe déjà à la vie du Ressuscité, même si ce qu'il est vraiment n'est pas encore manifeste[1] ». Et cet auteur de préciser néanmoins : « Même si le concept de vie éternelle peut déjà désigner une modalité de la vie terrestre, il est incontestable que le Nouveau Testament affirme la vie éternelle comme une promesse pour l'au-delà[2]. »

---

1. Claude Geffré, « Vie éternelle », *Dictionnaire critique de théologie*, Paris : Quadrige / PUF, 2007, p. 1492-1493 *passim*.
2. *Ibid.*

Sans doute, aimerions-nous trouver dans les Ecritures plus de précisions sur l'éternité. « Nous ne sommes pas plus au clair sur le mobilier du ciel que sur la température de l'enfer[1] », reconnaît non sans humour le théologien protestant Reinhold Niebuhr ! Rappelons que, bien avant lui – en 1615 –, Galilée avait écrit à Christine de Lorraine que « la Bible ne nous enseigne pas comment va le ciel, mais comment on va au Ciel[2] » !

Toutefois, l'aperçu que nous y découvrons suffit déjà pour nous donner une petite idée de cet avenir de plénitude éternelle dans une communion avec Dieu, en réalité une qualité de vie incomparable, en grande partie indescriptible, car au-delà de toute imagination humaine. « Il s'agit de ce que l'œil n'a pas vu et que l'oreille n'a pas entendu, de ce que l'esprit humain n'a jamais soupçonné, mais que Dieu tient en réserve pour ceux qui l'aiment » (1 Corinthiens 2.9, *La Bible du Semeur*).

Même si on touche ici l'insondable – seules quelques facettes de l'espérance sont mises en lumière –, le fait de savoir simplement que dans la vie future il n'y aura plus de souffrances ni de mort (Apocalypse 21.3-4), que nous profiterons à jamais de la justice de Dieu (2 Pierre 3.13) et surtout que nous serons parfaitement semblables au Fils de Dieu (1 Jean 3.2), a de quoi nous inciter à prêter encore plus attention à cette apothéose promise au-delà

---

1. Reinhold Niebuhr, cité par Paul Wells, « Et le ciel ? », *La Revue Réformée*, 2000, n° 206.
2. Galilée, *Lettre à Christine de Lorraine et autres écrits coperniciens*, Traduction par Philippe Hamou et Marta Spranzi, Paris : Librairie générale française, 2004.

de notre parcours terrestre[1]. Qui plus est, ce diamant inestimable nous est offert gracieusement (Apocalypse 21.6)... cependant à une condition.

Une seule condition

On peut être très étonné de la quête humaine d'éternité manifestée à toutes les époques, mais curieusement nous pouvons découvrir dans la Bible l'explication de cette aspiration naturelle vers le ciel : Dieu a en fait « implanté au tréfonds de l'être humain le sens de l'éternité » (Ecclésiaste 3.11, *La Bible du Semeur*). C'est ce que confirme Charles Gerber : « Quoi qu'il prétende, l'homme possède au fond de lui-même un sentiment religieux extrêmement puissant [...] A toutes les époques, sous toutes les latitudes et à quelque race qu'il appartienne, il manifeste en effet une soif, une aspiration, un vrai tourment de quelque chose ou de quelqu'un, une inquiétude de Dieu. [...] Partout et toujours, même dans les conditions les plus défavorables, il adore une force supérieure[2]. »

---

1. « L'idée de la vie éternelle déplaît à certains, parce que leurs vies sont misérables. Mais ce n'est pas un simple prolongement de cette vie mortelle. C'est la vie de Dieu manifestée en Christ, qui donne dès à présent l'assurance de l'éternité à tous les croyants. La vie éternelle ne connaît pas la mort, la maladie, l'ennemi, le mal ou le péché. Ceux qui ne connaissent pas Christ agissent comme s'il n'existait rien au-delà de leur vie sur terre. En réalité, cette vie est une introduction à l'éternité » (Extrait d'une note de la Bible d'étude *Vie Nouvelle*, Version Segond 21, Genève : Société Biblique de Genève, 2004, p. 220).

2. Charles Gerber, *op. cit.*, p. 35.

Bien plus, Dieu ne se contente pas d'inculquer un sentiment religieux aux hommes, il désire tout simplement partager son éternité avec eux, du moins avec tous ceux qui acceptent ce dessein inouï, puisqu'il a également – nous le savons – gratifié ses créatures du libre arbitre. Celles-ci sont donc placées devant l'alternative de choisir entre l'obéissance et la désobéissance, entre le bien et le mal : « Voyez, je place aujourd'hui devant vous, d'un côté, la vie et le bonheur, de l'autre, la mort et le malheur » (Deutéronome 30.15, *La Bible du Semeur*).

Respectant notre liberté, Dieu ne nous contraint pas d'accepter son éternité, mais nous invite par contre, à choisir le bon chemin pour y avoir accès : « Choisissez donc la vie, afin que vous viviez, vous et vos descendants » (Deutéronome 30.19, *La Bible du Semeur*). En somme, comme le soulignent les membres de la Commission théologique internationale, « tout ce qui s'accepte librement peut être refusé librement. Celui qui choisit ainsi le refus "n'aura pas part au Royaume du Christ et de Dieu" (Éphésiens 5.5). La condamnation éternelle a son origine dans le libre refus, jusqu'à la fin, de l'amour et du pardon de Dieu[1] ». Hélas, on sait que les hommes dans leur grande majorité ont toujours fait un triste usage de leur liberté.

Dans la Bible, Dieu apparaît surtout comme un Père compatissant et miséricordieux, aimant ses créatures d'un amour absolu. En leur donnant la liberté, il prend certes des risques, mais ne veut pas d'esclaves ni de

---

1. Commission théologique internationale, *op. cit.*

robots programmés pour faire le bien ! Il souffre de ce choix de l'homme qu'il a créé candidat à l'éternité et dès la chute du premier couple, fait la promesse de le délivrer de la mort éternelle (Genèse 3.15). Mystère insondable exprimant son éternelle bonté !

L'éternité, qui deviendra donc effective à la résurrection, est acquise par la rédemption – le salut apporté par Jésus-Christ à l'humanité pécheresse – et le chrétien s'en empare par la foi, c'est la seule condition : « Toute personne qui invoquera le nom du Seigneur sera sauvée » (Romains 10.13) ; « Celui qui croit au Fils a la vie éternelle, celui qui ne croit pas au Fils ne verra pas la vie, mais la colère de Dieu demeure sur lui » (Jean 3.36). Croire (ou avoir la foi) au sens biblique implique la personne du Christ, c'est consentir à un contact permanent avec lui afin qu'il manifeste en nous sa vie (éternelle).

En croyant, l'homme ne fait pas un acte méritoire, mais accepte tout simplement un don extraordinaire immérité (le salut éternel), cette acceptation étant, comme nous venons de le dire, la condition du salut. Ainsi, la vie éternelle est véritablement un cadeau de Dieu (Romains 6.23). Nul ne peut l'acquérir par ses œuvres si belles soient-elles ! Dans cet ordre d'idée, l'apôtre Paul écrit également : « C'est par la grâce en effet que vous êtes sauvés, par le moyen de la foi. Et cela ne vient pas de vous, c'est le don de Dieu. Ce n'est point par les œuvres, afin que personne ne se glorifie » (Ephésiens 2.8-9), passage déjà cité au chapitre 3 de notre essai, mais suffisamment significatif à cet égard pour être à nouveau mis en relief ici.

Quant à l'action du croyant, souvenons-nous aussi qu'elle est tout simplement la démonstration de sa foi (Galates 5.6, 1 Jean 2.6)... « en attendant la bienheureuse espérance » (Tite 2.13) qui lui « est réservée dans les cieux, et que la parole de la vérité, la parole de l'Evangile [lui] a précédemment fait connaître » (Colossiens 1.5).

En d'autres termes et en simplifiant à l'extrême, on peut dire que l'existence terrestre a pour but d'amener l'être humain devant l'alternative suivante : vivre pour le moment[1] ou vivre pour l'éternité[2]. Il n'est pas de choix plus crucial ici-bas ! D'autant plus que jamais la Parole ne laisse entendre qu'une seconde occasion

---

1. Cette attitude a été exprimée notamment – il est vrai, avant que Jésus-Christ ne prêche une vie éternelle après la mort – par le poète Horace dans sa célèbre maxime *Carpe diem (quam minimum credula postero)* que l'on traduit en français par : « Cueille le jour présent sans te soucier du lendemain », phrase qui « incite à bien savourer le présent (sans toutefois récuser toute discipline de vie) dans l'idée que le futur est incertain et que tout est appelé à disparaître » (*L'encyclopédie libre Wikipédia*, « Carpe diem », [En ligne] http://www.wikipedia.org/, consulté en novembre 2013).

2. Logiquement, cette seconde optique devrait être celle de tous ceux qui se disent chrétiens... puisque « la croyance en la vie éternelle est un élément constitutif de la foi chrétienne ». Et pourtant, « l'époque contemporaine connaît le fait remarquable de chrétiens nominaux qui confessent le Dieu de Jésus-Christ sans pour autant croire à la promesse d'un au-delà de la mort » (Claude Geffré, *op. cit.*, p. 1492, 1494)... ce qui souligne l'ambiguïté de la notion d'espérance dans l'esprit d'un certain nombre de chrétiens !

soit offerte après la mort pour revoir cette décision. Aussi, il paraît risqué de compter sur un hypothétique purgatoire, doctrine liée à celle de l'immortalité de l'âme qui remporte de moins en moins d'adhésion parmi les catholiques et qui ne figure pas dans la Bible !

« Puisque le cours de notre vie terrestre est unique (Hébreux 9.27), et puisque au cours de celui-ci nous sont offertes gratuitement l'amitié et l'adoption divines, avec le danger de les perdre par le péché, le sérieux de cette vie apparaît clairement. En effet, les décisions que nous y prenons ont des conséquences éternelles[1]. »

Pourtant, même si le croyant dès le premier pas de la foi vit déjà virtuellement dans l'éternité (1 Jean 5.11-13), il ne peut se soustraire à la condition humaine, douloureuse pour lui aussi. On peut même affirmer que la souffrance est inévitable pour celui qui marche avec Dieu, mais comme le fait remarquer Bernard Sesboüé, déjà cité au chapitre précédent, « l'espérance nous aide également dans notre vie temporelle en nous apportant joie, paix, consolation et force (Romains 15.13). Elle est particulièrement précieuse dans le temps des afflictions et des épreuves[2] ».

*

Cette réflexion sur l'éternité sous l'éclairage de la Bible est loin d'être achevée. Nous avons conscience

---

1. Commission théologique internationale, *op. cit.*
2. Bernard Sesboüé, « Parler de l'espérance aujourd'hui », *Christus*, avril 2005, n° 206.

que traiter ainsi en quelques pages un sujet si élevé, si profond et à priori tellement inaccessible aux facultés humaines, ne peut qu'en appauvrir le contenu. Toutefois, le côté insatisfaisant ou incomplet des réponses avancées incitera peut-être le lecteur à examiner plus à fond cette pensée commune à tout un chacun.

En tout cas, nous espérons avoir démontré la simplicité avec laquelle la Bible met les hommes de toute condition à même de trouver le chemin de l'espérance. Assurément, « tout ce qui a été écrit d'avance l'a été pour notre instruction afin que, par la persévérance et par le réconfort que donnent les Ecritures, nous possédions l'espérance » (Romains 15.4).

Nous pouvons faire confiance à Dieu qui ne revient pas sur ses promesses. L'espérance qu'il nous propose est sûre et inébranlable, car « il est impossible que Dieu mente. Ainsi, nous qui avons trouvé un refuge en lui, nous sommes grandement encouragés à saisir avec fermeté l'espérance qui nous est proposée. Cette espérance est pour nous comme l'ancre de notre vie. Elle est sûre et solide » (Hébreux 6.18-19, BFC).

6
L'espérance avant le Christ

> « Il n'y a de bien en cette vie
> qu'en l'espérance d'une autre vie[1]. »
>
> Blaise Pascal

Au regard de l'espérance lumineuse qui fait courir les chrétiens aujourd'hui, celle des hommes de l'Ancien Testament paraît bien terne ! On peut en effet être surpris que l'auteur du livre de l'Ecclésiaste – qui se présente comme un sage sous les traits du roi Salomon – reconnaisse avec lucidité et grande vénération que Dieu a « implanté au tréfonds de l'être humain le sens de l'éternité » (Ecclésiaste 3.11, *La Bible du Semeur*)… avant de confesser finalement l'aspect décevant de la vie humaine qui s'achève par la vieillesse et la mort (Ecclésiaste 12.1-7, 3.19-20) !

Paradoxalement, tandis que depuis longtemps les adeptes de certaines religions polythéistes de l'ancien Orient croient fermement à la résurrection et à une vie future, les enfants d'Israël, eux, s'ouvrent en dernier à cette croyance… et semblent voués inexorablement à la désespérance quant à l'au-delà ! Ce n'est en fait que tardivement (vers le VIe siècle av. J.-C.) qu'ils

---

1. Blaise Pascal, *Pensées de Pascal sur la religion et sur quelques autres sujets*, Paris : Garnier Frères, 1872, p. 60.

découvrent – ou redécouvrent[1] – progressivement l'idée d'éternité. Un comble pour le peuple qui deviendra celui de l'espérance ! Attardons-nous un instant sur ces questions.

Une vision d'éternité commune à tous les peuples anciens

La croyance en une « survie de l'individu » après la mort semble remonter aux origines de l'espèce humaine et de tout temps, dans toutes les civilisations, ce qui peut paraître étonnant, une grande majorité s'est ralliée à l'idée que l'homme est immortel par nature.

« Ce qui est commun aux religions [écrit le scientifique et ancien ministre Claude Allègre], c'est qu'elles ont toutes développé le concept de dieu, de transcendance

---

1. En effet, il est raisonnable de penser qu'Adam et les premiers patriarches bénéficièrent déjà d'une révélation divine particulière concernant l'au-delà qui leur était réservé. En tout cas, l'auteur de l'épître aux Hébreux en est convaincu lorsqu'il fait l'éloge de la foi des ancêtres illustres tels qu'Abel, Hénoc, Noé et Abraham : « C'est dans la foi que tous ces hommes sont morts. Ils n'ont pas reçu les biens que Dieu avait promis, mais ils les ont vus et salués de loin. Ils ont ouvertement reconnu qu'ils étaient des étrangers et des exilés sur la terre. Ceux qui parlent ainsi montrent clairement qu'ils recherchent une patrie. [...] En réalité, ils désiraient une patrie meilleure, c'est-à-dire la patrie céleste » (Hébreux 11.13-16, BFC). Hélas, les Hébreux semblent avoir vite oublié « l'espérance de la vie éternelle, promise avant tous les siècles par le Dieu qui ne ment point » (Tite 1.2).

et d'au-delà, faisant toutes espérer aux meilleurs l'immortalité[1]. »

Plus de 2000 ans av. J.-C., l'Egypte pharaonique est certainement l'une des premières civilisations à s'édifier dans la perspective de l'éternité. Les Egyptiens en effet, tout en reconnaissant la brièveté du temps terrestre, croient en une autre forme d'existence. Osiris, mort et ressuscité, devenu dieu de l'au-delà, leur apporte l'assurance d'une survie éternelle.

Environ 13 siècles plus tard, sur la base d'une espérance similaire, le philosophe persan Zoroastre (fondateur du zoroastrisme, ancienne religion de la Perse) promet à ses disciples l'avènement d'un sauveur suprême, Saoshyant, qui présidera à la résurrection et à l'émergence d'une vie éternelle après la mort. Notons que le zoroastrisme, religion dualiste fondée sur la lutte permanente entre un Dieu bon (Ahura Mazda) et un démon (Ahriman) enseigne aussi le libre arbitre, le jugement final, l'enfer, le paradis et la victoire finale du bien sur le mal. Ce qui représente, soit dit en passant, une sorte de préfiguration du christianisme… en tout cas, une incontestable révolution religieuse au début du VIIe siècle av. J.-C. !

Curieusement donc, en ce qui concerne cette idée de survie *post mortem*, les Hébreux restent imperméables à toute influence, égyptienne notamment. Face à la vision

---

1. Claude Allègre, *Dieu face à la science*, Paris : Fayard, 1997, p. 223 (LP).

d'éternité commune à beaucoup de religions antiques, ils ne se lassent pas de nourrir une vague espérance dont ils semblent se satisfaire, mais qui toutefois se précise graduellement au cours des siècles.

De l'espérance terrestre à l'espérance céleste

Ce n'est en effet qu'à l'époque – VIe siècle av. J.-C. – de la rédaction du livre de Daniel[1] que le peuple juif, arrive enfin à croire peu à peu en la résurrection et en une vie après la mort. Durant de très nombreux siècles, étonnamment celui-ci se contente d'une espérance terrestre sans vision d'éternité, ou tout au plus d'une espérance en une survie nationale.

Tout d'abord, une espérance à courte vue

Ainsi, pendant longtemps, c'est le modèle de la rétribution – strictement terrestre – qui dicte la pensée des enfants d'Israël. Ceux-ci croient que Dieu « rétribue » ici-bas les hommes selon leurs actes, autrement dit que les justes sont récompensés par une longue vie tranquille et prospère tandis que les pécheurs sont condamnés à une vie malheureuse, courte et sans descendance… en attendant avec frayeur – justes comme pécheurs,

---

1. A noter que, presque unanimement, les théologiens libéraux contemporains mettent en doute l'authenticité historique du livre de Daniel en datant celui-ci du IIe siècle av. J.-C. seulement et en l'attribuant à un auteur inconnu, alors que l'ancienne tradition, tant juive que chrétienne – reposant à cet égard sur une solide conviction – le situait au VIe siècle avant notre ère… c'est-à-dire à l'époque où vivait justement Daniel !

d'ailleurs – le sort qui les attend, le sheol[1] où tous resteront abandonnés à jamais.

Mentionnons à cet égard quelques textes bibliques attestant cette espérance à courte vue : « Les jours de nos années s'élèvent à soixante-dix ans, et pour les plus robustes, à quatre-vingts ans. […] Enseigne-nous à bien compter nos jours, […] Rassasie-nous chaque matin de ta bonté, et nous serons toute notre vie dans la joie et l'allégresse. Réjouis-nous autant de jours que tu nous as humiliés, autant d'années que nous avons vu le malheur » (Psaume 90.10-15) ; « Donne-nous encore des jours comme ceux d'autrefois ! » (Lamentations 5.21) ; « Soutiens-moi pour que je vive, tu l'as promis, ne déçois pas mon espérance » (Psaume 119.116, BFC) ; « Oui, le bonheur et la grâce m'accompagneront tous les jours de ma vie, et j'habiterai dans la maison de l'Eternel jusqu'à la fin de mes jours » (Psaume 23.6).

Comme il se dégage de nombreux passages de l'Ancien Testament, Dieu – dans un premier temps – répond à ses enfants sans leur proposer davantage : « Je te sauverai, et tu ne tomberas pas sous l'épée, ta vie sera ton butin, parce que tu as eu confiance en moi, dit

---

1. « Sheol est un terme hébraïque intraduisible, désignant le "séjour des morts", la "tombe commune de l'humanité", le puits, sans vraiment pouvoir statuer s'il s'agit ou non d'un au-delà. La Bible hébraïque le décrit comme une place sans confort, où tous, justes et criminels, rois et esclaves, pieux et impies se retrouvent après leur mort pour y demeurer dans le silence et redevenir poussière » (*L'encyclopédie libre Wikipédia*, « Sheol », [En ligne] http://www.wikipedia.org/, consulté en novembre 2013).

l'Eternel » (Jérémie 39.18) ; « Celui qui m'écoute […] vivra tranquille et sans craindre aucun mal » (Proverbes 1.33) ; « Il m'invoquera, et je lui répondrai, je serai avec lui dans la détresse. Je le délivrerai et je le glorifierai. Je le rassasierai de longs jours, et je lui ferai voir mon salut » (Psaume 91.15-16) ; « N'oublie pas mes enseignements, […] car ils prolongeront les jours et les années de ta vie, et ils augmenteront ta paix » (Proverbes 3.1-2) ; « Ils [les justes] ne sont pas confondus au temps du malheur, et ils sont rassasiés aux jours de la famine » (Psaume 37.19) ; « Ceux qui espèrent en l'Eternel posséderont le pays » (Psaume 37.9) ; « Aimez le Seigneur votre Dieu, obéissez-lui, restez-lui fidèlement attachés, c'est ainsi que vous pourrez vivre et passer de nombreuses années dans le pays que le Seigneur a promis de donner à vos ancêtres Abraham, Isaac et Jacob » (Deutéronome 30.20, BFC)… Pour ne citer que ces versets !

Remise en cause de la théologie de la rétribution

Bien que la croyance en la rétribution soit historiquement ancrée dans la réalité quotidienne du peuple d'Israël, certains en voyant « le bonheur des méchants » (Psaume 73.3) – ou en quelque sorte, l'inversion de cette théorie de la rétribution – ont du mal à comprendre la justice de Dieu et se mettent à réfléchir. C'est le cas du roi David (Psaume 37) et du psalmiste Asaph (Psaume 73).

Job, héros des temps anciens, fait aussi partie de ceux qui osent remettre en cause la croyance classique (Job 12.13-25). « Contre cette corrélation rigoureuse [la liaison entre la souffrance et le péché personnel], Job s'élève avec toute la force de son innocence. Il ne nie pas les rétributions terrestres, il les attend, et Dieu les lui accordera finalement [...] Mais c'est pour lui un scandale qu'elles lui soient refusées présentement et il cherche en vain le sens de son épreuve. Il lutte désespérément pour retrouver Dieu qui se dérobe et qu'il persiste à croire bon[1]. »

Dans l'un de ses « grands textes », il arrive finalement à la conclusion que le bien et le mal ont leur sanction outre-tombe plutôt qu'ici-bas, une avancée théologique considérable ! C'est ainsi qu'au-delà de l'espoir d'être délivré de ses maux en ce monde, il ose affirmer – certes, de façon imprécise, la traduction de ce passage reste difficile – son espérance en la résurrection : « Pour ma part, je sais que celui qui me rachète est vivant et qu'il se lèvera le dernier sur la terre. Quand ma peau aura été détruite, en personne je contemplerai Dieu. C'est lui que je contemplerai, et il me sera favorable. Mes yeux le verront, et non ceux d'un autre » (Job 19.25-27).

L'espérance collective, une perspective nouvelle pour Israël

Pour d'autres hommes de l'Ancien Testament également confrontés à l'injustice, l'espérance individuelle se mue alors en espérance collective. Si la réussite des méchants offre un spectacle révoltant, « le Seigneur s'intéresse à

---

1. *La Bible de Jérusalem*, « Introduction au livre de Job », Paris : Editions du Cerf, 1981, p. 650.

la vie de ceux qui sont irréprochables, le pays dont ils sont les héritiers leur est acquis pour toujours » (Psaume 37.18, BFC). Au VIIIe siècle av. J.-C., le prophète Esaïe à même l'intuition que son peuple « ressuscitera » : « Mon peuple, tes morts reprendront vie, alors les cadavres des miens ressusciteront ! Ceux qui sont couchés en terre se réveilleront et crieront de joie » (Esaïe 26.19, BFC). Vers la même époque, Osée, un autre porte-parole de Dieu, invite Israël à se repentir et évoque l'espérance d'une rénovation nationale : « Venez, retournons à l'Eternel ! Car il a déchiré, mais il nous guérira. Il a frappé, mais il bandera nos plaies. Il nous rendra la vie […] il nous relèvera, et nous vivrons devant lui » (Osée 6.1-2).

Mais c'est en réalité la grande épreuve de la déportation à Babylone qui amène les Juifs à s'interroger sur la « juste rétribution » de Dieu. En cette période particulièrement troublée, le prophète Jérémie (né vers le milieu du VIIe siècle av. J.-C.), toujours soucieux du bien de ses compatriotes, se demande pourquoi ceux-ci lui manifestent tant de haine : « Seigneur, tu es trop juste pour que je m'en prenne à toi. Pourtant, j'aimerais discuter de justice avec toi. Pourquoi le chemin des méchants les mène-t-il au succès ? Et ceux qui te sont infidèles, pourquoi vivent-ils tranquilles ? » (Jérémie 12.1, BFC).

« Au-delà de la ruine qu'il voit approcher pour le peuple infidèle, il [Jérémie] entrevoit une sorte de résurrection dans le cadre d'une nouvelle alliance avec Dieu [le retour des survivants d'Israël et la reconstruction de Jérusalem, chapitre 31 de son livre]. Il témoigne alors de sa confiance en la victoire de Dieu par un surprenant geste d'espoir [l'acquisition d'un champ, acte symbolique, chapitre 32]¹. »

Après le châtiment, il y aura donc un rétablissement, un avenir pour le peuple de Dieu... de quoi raviver l'espérance : « Je rétablirai le peuple de Juda et le peuple d'Israël, et je les rétablirai dans leur ancienne situation » (Jérémie 33.7, BFC). « Je multiplierai les descendants de mon serviteur David [...] ils seront aussi nombreux que les étoiles qu'on ne peut compter dans le ciel » (Jérémie 33.22, BFC).

Quant à Ezéchiel – contemporain comme Jérémie de la chute de Jérusalem (587 av. J.-C.) –, il est l'un des rares prophètes de l'Ancien Testament à proclamer aussi explicitement qu'il y a une espérance pour Israël... en dépit des circonstances dramatiques de l'époque ! Ainsi, dans sa célèbre vision des ossements desséchés (Ezéchiel 37.1-14), la renaissance de la nation d'Israël s'exprime pleinement. Bien qu'il s'agisse là plutôt d'une promesse de survie collective pour le peuple d'Israël, autrement dit d'une « résurrection nationale », on peut y voir en outre l'amorce de l'idée de résurrection individuelle. Citons quelques extraits de ce passage intéressant : « Voici ce que dit le Seigneur, l'Eternel : Esprit, viens des quatre vents, souffle sur ces morts et qu'ils revivent ! [...] Je vais ouvrir vos tombes et je vous en ferai sortir, vous qui êtes mon peuple, et je vous ramènerai sur le territoire d'Israël » (Ezéchiel 37.9-12).

---

1. *La Bible Expliquée*, « Introduction au livre de Jérémie », Villiers-le-Bel : Société biblique française, 2004, p. 897-AT.

En route vers l'espérance céleste

En fait, le point de départ – discret – de ce lent cheminement vers le ciel peut être relevé dans le livre des Psaumes où certains versets portent en germe la notion de résurrection : « Non, Seigneur, tu ne m'abandonnes pas à la mort, tu ne permets pas que moi, ton fidèle, je m'approche de la tombe. Tu me fais savoir quel chemin mène à la vie. On trouve une joie pleine en ta présence, un plaisir éternel près de toi » (Psaume 16.10-11, BFC) ; « Eternel, tu as fait remonter mon âme du séjour des morts, tu m'as fait revivre loin de ceux qui descendent dans la tombe » (Psaume 30.4) ; « Dieu sauvera mon âme du séjour des morts » (Psaume 49.16) ; « Ta bonté envers moi est grande, et tu délivres mon âme des profondeurs du séjour des morts » (Psaume 86.13) ; « C'est lui qui délivre ta vie de la tombe, qui te couronne de bonté et de compassion » (Psaume 103.4).

Mais c'est surtout le livre de Daniel, qui nous éclaire un peu plus sur l'évolution de la conception de l'au-delà chez les Juifs. C'est bien d'une résurrection personnelle suivie d'une vie éternelle que les justes hériteront : « A cette époque-là [pouvons-nous lire dans Daniel 12.1-3] se dressera Michel, le grand chef, celui qui veille sur les enfants de ton peuple. Ce sera une période de détresse telle qu'il n'y en aura pas eu de pareille depuis qu'une nation existe jusqu'à cette époque-là. A ce moment-là, ceux de ton peuple qu'on trouvera inscrits dans le livre seront sauvés. Beaucoup de ceux qui dorment dans la poussière de la terre se réveilleront, les uns pour la vie éternelle, les autres pour la honte, pour l'horreur éternelle. Ceux qui auront été perspicaces brilleront comme la splendeur du ciel, et ceux qui auront enseigné la justice à beaucoup brilleront comme les étoiles, pour toujours et à perpétuité. »

Cependant, ce n'est vraiment qu'à partir du deuxième siècle avant Jésus-Christ que l'espérance en la résurrection devient une réalité pour le peuple juif. A la mort d'Alexandre le Grand, la Palestine « passe sous l'autorité des monarchies hellénistiques, des Lagides d'Egypte d'abord, puis des Séleucides de Syrie. La politique d'hellénisation radicale instaurée par Antiochus IV Epiphane (175-164 av. J.-C.), doublée d'une intolérance agressive vis-à-vis des Juifs, suscite un grand mouvement de révolte. Ce mouvement, à la fois national et religieux, est conduit par le prêtre Mattathias et son fils Judas, dit Maccabée. […] Antiochus IV s'efforce d'imposer aux Juifs les mœurs et la religion grecques. La pratique du judaïsme devient passible de mort[1] ».

Dans ce contexte de résistance et de répression féroce – où le dogme de la rétribution ici-bas est tragiquement mis en échec –, les nombreux martyrs, fidèles à la loi de Moïse, s'interrogent sérieusement sur la justice divine. Torturés et mis à mort pour leur foi, ils finissent par croire réellement que Dieu les ressuscitera et que leur rétribution sera d'outre-tombe.

---

1. Marcel Simon, *2000 ans de christianisme*, Vol. 1, « Le monde juif, berceau du christianisme », Paris : Aufadi - S.H.C. International, 1975, p. 14, 18.

Le deuxième livre des Maccabées, probablement écrit vers 120-100 av. J.-C., décrit justement l'héroïque résistance de sept frères « Maccabées » et de leur mère (modèles des premiers martyrs juifs) qui préfèrent être torturés à mort plutôt que de toucher à la viande de porc interdite par la loi. Citons ici quelques versets de ce livre deutérocanonique de l'Ancien Testament témoignant de cette foi naissante en la résurrection :

« Au moment de rendre le dernier soupir, il [le second supplicié] dit : Scélérat que tu es, tu nous exclus de la vie présente, mais le roi du monde, parce que nous serons morts pour ses lois, nous ressuscitera pour une vie éternelle » (2 Maccabées 7.9, TOB).

« On soumit le quatrième aux mêmes tortures cruelles. Sur le point d'expirer, il dit : Mieux vaut mourir de la main des hommes en attendant, selon les promesses faites par Dieu, d'être ressuscité par lui » (2 Maccabées 7.13-14, TOB).

« Eminemment admirable et digne d'une excellente renommée fut la mère, qui voyait mourir ses sept fils en l'espace d'un seul jour et le supportait avec sérénité, parce qu'elle mettait son espérance dans le Seigneur. Elle exhortait chacun d'eux dans la langue de ses pères. Remplie de nobles sentiments et animée d'un mâle courage, cette femme leur disait : Je ne sais pas comment vous avez apparu dans mes entrailles ; ce n'est pas moi qui vous ai gratifiés de l'esprit et de la vie, […] Aussi bien le Créateur du monde, qui a formé l'homme à sa naissance et qui est à l'origine de toute chose, vous rendra-t-il dans sa miséricorde et l'esprit et la vie, parce que vous vous sacrifiez maintenant vous-mêmes pour l'amour de ses lois » (2 Maccabées 7.20-23, TOB).

Enfin, on peut mentionner le livre de la Sagesse, autre apocryphe rédigé vers la même époque (Ier siècle av. J.-C.) dans lequel on trouve, quoique de façon larvée, le thème de la résurrection : « Les âmes des justes, elles, sont dans la main de Dieu et nul tourment ne les atteindra plus. Aux yeux des insensés, ils passèrent pour morts, et leur départ sembla un désastre, […] Pourtant, ils sont dans la paix. Même si, selon les hommes, ils ont été châtiés, leur espérance était pleine d'immortalité » (Sagesse 3.1-4, TOB).

Comme le remarque Jean Civelli, prêtre à Fribourg (Suisse), « cette idée d'une résurrection des morts ne devait plus s'oublier dans le judaïsme. Ce sont les Pharisiens qui la recueillirent, contrairement au parti des Sadducéens, parti des prêtres et de la noblesse du Temple de Jérusalem, qui, eux, n'acceptèrent pas ce qu'ils considéraient comme une doctrine fausse, car ils ne la trouvaient pas dans la Loi de Moïse (cf. Marc 12.18 et Actes 23.8). […] Le sceau définitif de cette foi en la résurrection sera donné par Jésus lui-même, dans sa propre résurrection[1] ».

« La croyance en la résurrection, qui va se développer dans le monde sémitique, [affirme de son côté, Marie Lucien, docteur en théologie de l'Université de

---

1. Jean Civelli, *La résurrection des morts : et si c'était vrai ?*, Saint-Maurice : Editions Saint-Augustin, 2001, p. 24-25.

Strasbourg] apparaît comme une nouveauté radicale et impressionnante [...] La résurrection personnelle de chaque homme deviendra alors l'espérance commune aux trois religions monothéistes issues du monde sémitique, le judaïsme, le christianisme et l'islam[1]. »

La grâce au temps de l'Ancien Testament

Nous ne saurions terminer ce rapide exposé sans dire quelques mots sur la question de la grâce avant le Christ. Les Ecritures nous apprennent que les sacrifices d'animaux de l'Ancien Testament – ne pouvant satisfaire les exigences de la justice divine – annoncent et préfigurent le sacrifice parfait du Christ sur la croix... seul moyen agréé par Dieu pour le salut de l'homme : « Personne ne sera reconnu juste aux yeux de Dieu pour avoir obéi en tout à la loi ; la loi permet seulement de prendre connaissance du péché. Mais, maintenant, Dieu nous a montré comment il nous rend justes devant lui, et cela sans l'intervention de la loi. [...] Dieu rend les hommes justes à ses yeux par leur foi en Jésus-Christ. [...] Dieu l'a offert comme un sacrifice afin que, par sa mort, le Christ obtienne le pardon des péchés en faveur de ceux qui croient en lui. Dieu a montré ainsi qu'il est toujours juste : il l'était autrefois quand il a patienté et laissé impunis les péchés des hommes, il l'est dans le temps présent » (Romains 3.20-26, BFC).

---

1. Marie Lucien, *Le message de Jésus : une spiritualité universelle inusitée*, Paris : Editions L'Harmattan, 2009, p. 135-136.

« Bien avant la crucifixion, c'est déjà la croix qui sauvait les hommes d'un jugement immédiat[1] » écrit encore Richard Doulière (déjà cité au chapitre 2). « Les croyants de l'Ancien Testament ont cru en Christ par anticipation et ont été sauvés, même s'ils n'ont pas connu le nom de Jésus ni les détails de son existence terrestre[2]. » La grâce de Dieu – aussi ancienne que la loi – permet de la sorte aux hommes de tous les temps d'espérer.

*

Après avoir ainsi esquissé à grands traits l'histoire de l'espérance religieuse en Israël, une question demeure cependant : pourquoi cette dernière est restée si longtemps une piètre espérance… avant que finalement le Nouveau Testament ne la porte à son plus haut degré comme nous venons de le voir dans le chapitre précédent ? A défaut de pouvoir répondre ici avec certitude à cette question, nous voulons par contre dire toute notre admiration pour les hommes de l'Ancien Testament ayant fait le bon choix de faire confiance à Dieu et de marcher avec lui en se contentant de sa faveur et de l'assurance du pardon de leurs péchés… portés seulement par l'espérance d'une longue vie prospère – ici-bas – et en dépit du système simpliste des rétributions temporelles ne fonctionnant pas toujours.

---

1. Richard Doulière, *op. cit.*, p. 65.
2. Extrait d'une note de la Bible d'étude *Vie Nouvelle*, Version Segond 21, Genève : Société Biblique de Genève, 2004, p. 364.

Alors que nous, hommes et femmes du XXIe siècle, avons maintenant pour la plupart librement accès à la connaissance de l'Evangile et de sa promesse de vie (antécédent de la foi), alors que nous pouvons nous enorgueillir de cette belle espérance solidement ancrée dans la résurrection de Jésus-Christ – ce qui ne nous laisse plus aucune excuse pour notre incrédulité –, puissions-nous effectivement admirer ces anciens héros de la foi… d'autant plus que leurs louanges étaient adressées à un Dieu qu'ils n'imaginaient pas si généreux comme le montrent ces quelques passages de l'Ancien Testament : « Je chanterai l'Eternel tant que je vivrai, je célébrerai mon Dieu tant que j'existerai » (Psaume 104.33) ; « Voici ce que je veux repasser en mon cœur, ce qui me donnera de l'espérance : les bontés de l'Eternel ne sont pas épuisées, ses compassions ne sont pas à leur terme, elles se renouvellent chaque matin. […] L'Eternel est mon partage, dit mon âme, c'est pourquoi je veux espérer en lui » (Lamentations 3.21-24).

Table

Préface de Pierre Clément 11

Introduction 19
1. La voix de Dieu 25
2. Le plan du salut 39
3. La grâce de Dieu 51
4. La résurrection 65
5. La vie future 95
6. L'espérance avant le Christ 105

Cet ouvrage a été imprimé par

Books on Demand GmbH
In de Tarpen 42
22848 Norderstedt
Allemagne

Couverture et mise en page : Patrick Bouchot
Photo 1ère de couverture :
© Ronda, *Árbol de la vida* - Fotolia.com
Photo 4e de couverture : Germain Photo

Imprimé en Allemagne
Dépôt légal : février 2014